Raízes da Criminalidade

RAIVA .

Necessidades emocionais e privação.

A necessidade de ser alguém.

A necessidade de ser necessária e desejada .

Nanismo O CRESCIMENTO DA SIMPATIA .

O medo da rejeição e da parede defensiva .

Empatia, simpatia, COLOCANDO EM FARÓIS INTERMITENTES .

RESPEITO, reciprocidade e identidade.

Alguns tipos de respeito e não outros.

RESPEITO E reciprocidade : "Não é muito real para si mesmos."

Identidade moral e agência.

O senso de auto : rasas e profundas .

Nanismo O CRESCIMENTO DA IDENTIDADE MORAL : culpa e auto - ódio.

Auto-criação e falta de controle : o lado bom E o lado ruim .

CAPÍTULO QUATRO: DOIS problemas de interpretação. 64

A QUESTÃO DA CONFIABILIDADE .

COMO FAR é a psicologia que surge distintivo de ANTI-SOCIAL

Transtorno de personalidade ?

CAPÍTULO CINCO: SHAKESPEARE VEM PARA BROADMOOR . 70

Revivendo e carinho crescimento moral e emocional.

O PAGO PROBLEMA amigos.

JOGANDO SHAKESPEARE EM BROADMOOR .

Alcançando o interior profundo .

Atores e platéia : dar algo de volta .

A preocupação com inautenticidade .

Ajudar as pessoas REMOVER as viseiras e fazer algumas rachaduras na parede .

CAPÍTULO I : questões socráticas EM BROADMOOR .

" Psicopatas " estão no extremo . A ferramenta mais utilizada para diagnosticar

" Transtorno da Personalidade Anti-Social " é uma escala chamada " Hare

Psicopatia Checklist " , elaborado pelo psicólogo canadense Robert D.

Hare. Há uma nota de corte acima do qual você recebe o diagnóstico

de Transtorno da Personalidade Anti-Social. E , dentro desse diagnóstico, se você

alcançar a nota muito alta de 30 você tem a mais diagnóstico de

" Psicopatia " . Algo disse muitas vezes sobre os chamados psicopatas ,

e , por extensão, sobre os outros dentro da categoria mais ampla , é que

eles não têm uma consciência.

Esta afirmação é intrigante. Há realmente pessoas que carecem completamente

uma consciência ? Se assim for, como é que isso aconteceu? Eles nascem com

faltando alguma coisa? Ou será que algo aconteça a eles que destrói

a sua consciência ? Mais fundamentalmente , o que significa dizer que

eles " não têm consciência " ?

Ética ainda é ensinada

pelo método inventado por Sócrates. Este começa por perguntar às pessoas sobre

suas crenças sobre o certo eo errado , pressionando-os a declarar aqueles

crenças com a máxima clareza e explicitação . Em seguida, eles são

desafiados a defender seus pontos de vista em face de contra-exemplos e

opondo argumento. O aluno é empurrado para uma jornada de

auto-exploração , ao invés de ser dado " as respostas" pela

professor. Alguns estudantes , aqueles que pensam que está sendo ensinado está sendo dada

informações ou conclusões a tirar, estão perplexos com isso e duvido que eles estão sendo ensinados corretamente. Seja como for , o professor

aprende muito sobre os alunos , especialmente sobre o muito diferente

estruturas de crença moral e estilos de pensamento moral que as pessoas

ter. Isto inclui visões muito diferentes sobre o que é ser guiado

por sua consciência .

Para dizer que as pessoas com transtorno de personalidade anti-social não têm uma

consciência pode significar uma ou mais de várias coisas. Isso pode significar

que eles não têm qualquer empatia por outras pessoas : a de que eles não podem imaginar

como as outras pessoas sentem. Ou pode significar que eles não têm simpatia : que

eles podem imaginar os sentimentos de , por exemplo, aqueles que eles machucar, mas

não se preocupam com eles. Isso pode significar que eles não sentem culpa. ele

Pode ser que eles não têm certos conceitos morais , como "cruel" ,

"Injustos ", " desonesto ", "direitos" ou "egoísta" . Ou pode significar que

falta-lhes um sentido de identidade moral : a concepção do tipo de

pessoa que é, ou do tipo de pessoa que esperam ser , juntamente

com um conjunto de valores que norteiam essa concepção . Parecia que o

consciência ou a falta de consciência deste grupo de pessoas foi um

campo promissor para a investigação.

Dr. Gwen Adshead , psiquiatra que trabalha no Hospital Broadmoor , tem

muitos pacientes com o diagnóstico de transtorno de personalidade anti-social .

Ela e eu achei que nós compartilhamos um interesse em sua moralidade ou a falta dela ,

e nós , em conjunto elaborado um projeto para investigar essas questões em

alguns daqueles em Broadmoor com este diagnóstico .

Gwen Adshead realizou uma série de entrevistas , em última instância, com base em

A idéia de Carol Gilligan de uma " ética do cuidado " , mas adaptado em uma instrumento de investigação , a " ética do cuidado Entrevista " , pelo Dr. Eva Skoe .

O núcleo disto é a avaliação das respostas das pessoas à moral

dilemas apresentados por meio de breves histórias.

Eu usei uma série de entrevistas para tentar sondar a moralidade das pessoas e

valores por meio de perguntas baseados nos instrumentos usados para ensinar ética.

Em parte em homenagem ao inventor da abordagem, mas talvez com um

toque de pretensão , eu liguei para esta série ", o socrático

entrevistas " . Esta conta relatórios sobre essas entrevistas " socráticos ". para

apresentá-los , vou dizer um pouco sobre o transtorno de personalidade anti-social

e , em seguida, descrever brevemente o conteúdo das entrevistas e do orientador

questões por trás deles.

1. Transtorno de personalidade anti-social.

Como uma categoria psiquiátrica, transtorno de personalidade é importante e

frustrante. Existem diferentes perturbações da personalidade . Listas variar ,

mas a maioria inclui Transtorno da Personalidade Narcisista , Esquizóide

Transtorno da Personalidade , Transtorno de Personalidade Borderline e Anti-Social

Transtorno da Personalidade . As definições de cada um deles tende a ser vago.

Definições típicas da categoria geral de " transtorno de personalidade "

consulte " profundamente arraigados , padrões adaptativos de comportamento que

causar desconforto para aqueles que os têm ou aos outros. " (CHECK E CITAÇÕES

Aqui do DSM OU CID).

Tais contas capturar algo importante, mas eles estão cheios de

problemas . A palavra " mal-adaptativo " soa científica , talvez como uma

idéia derivada de sobrevivência darwiniana. Mas também tem uma preocupante

sugestão de não caber bem com as normas sociais prevalecentes. nesta base , em vários momentos , sendo um dissidente da União Soviética , um

ateu na Arábia Saudita ou um comunista nos Estados Unidos pode

qualificar alguém para ter um transtorno de personalidade . " Maladaptive " , mesmo

no sentido darwiniano mais literal de não ser propício para a sobrevivência

em um ambiente particular, ainda pode incluir muito. profundamente

bravura enraizada em um bombeiro pode não ser propício para a sobrevivência.

E Sócrates tinha o hábito profundamente enraizado de fazer perguntas que

pessoas com problemas , um hábito que acabou levando à sua morte .

Tais definições incluem claramente muito. Mas isto pode refletir em

habilidades filosóficas psiquiatras "em vez de seus entes diagnóstico.

Pode haver algo no afirmações frequentemente feitas : "a definição

Pode ser não é bom, mas você reconhecê-lo quando você vê-lo " . Não parece fazer

ser bombeiros ou Socrates- cuja personalidade parece que as pessoas -não

desarrumada para um grau tão extremo que está arruinando sua

relacionamentos e suas vidas. Apresentam dificuldades que são

conceptual (isto deve contar como uma " desordem " a ser tratado pelo

psiquiatras ?) e prática (existem formas eficazes para ajudá-los

mudar?) .

Transtorno da Personalidade Anti-Social , no final grave, incluindo

psicopatia , é o herdeiro de uma história emaranhada de moral, legal e

conceitos psiquiátricos, incluindo aqueles marcados pelo XIX

termo do século "insanidade moral " e os termos do início do século XX

" Psicopáticas constitucional " e " psicopata " . (REFERÊNCIA

A Millon , SIMONSEN E Birket -Smith .) A concepção moderna de um

psicopata tem sido grandemente influenciado por Harvey Cleckley , que era um

Professor de Psiquiatria da Universidade de Georgia Medical School Ele

informou sobre os psicopatas entre seus pacientes em The Mask of Sanity ,

uma tentativa de esclarecer algumas questões sobre o chamado psicopata

Personalidade (publicado pela primeira vez em 1941, reeditado com substancial

revisões em 1950, com novas revisões até o quinto póstumo

edição de 1988) .

Palpite de Cleckley (embora ele sabia que não tinha evidências para apoiá-lo) foi

que os psicopatas nasceram assim : "Cada vez que eu vim para

acreditar que algum defeito sutil e profunda no organismo humano ,

provavelmente inato , mas não hereditária , desempenha o papel principal na

falha intrigante e espetacular do psicopata para experimentar a vida

normalmente e continuar uma carreira aceitável para a sociedade " . (REFERÊNCIA

A Cleckley , PAGE 403). Seu livro tem dois lados, um influenciando

estereótipos populares e lendas sobre os psicopatas e os outros

influenciar o pensamento psiquiátrico .

Cleckley tinha muitos dos preconceitos de seu tempo e lugar. Seu livro

inclui ataques a " permissividade " moderno , e em " intelectuais e

estetas " para o seu gosto de" o que é geralmente considerado como perversa,

desanimada ou desagrado ininteligível " . O que eles gostaram incluído

os escritos de Gide (que " insiste abertamente que a pederastia é a

forma superior e preferível de vida para adolescentes do sexo masculino ") e Joyce

(" Uma coleção de rabiscos erudita indistinguíveis para a maioria das pessoas

da salada palavra conhecida produzida por pacientes no hebefrênico

voltar enfermarias de qualquer hospital do Estado ") . (Referência à Cleckley , página 7.)

Em sua descrição de um de seus pacientes do sexo masculino que tiveram sexo oral com quatro homens negros , a desaprovação de Cleckley não incide sobre se o

consentimento dos homens era genuíno, mas principalmente na escolha de do seu paciente

parceiros. O homem " teve a idéia de pegar quatro homens negros

que trabalhou nos campos não muito longe de sua residência . Numa localização

onde a Ku Klux Klan (e suas atitudes bem conhecidos) no momento

desfrutou de uma boa dose de popularidade , este inteligente e, em alguns

jovem aspectos distinguidos não mostrou nenhum remorso sobre a tomada de

do campo esses trabalhadores não lavadas quem escondidos na parte de trás

de uma caminhonete , com ele em um lugar bem conhecido da amorosa

encontro ... Embora ele lamentou e disse que sua brincadeira foi bastante

um erro, ele parecia totalmente desprovido de qualquer constrangimento profundo ".

(Referência à Cleckley , Página 361 .)

Cleckley ajudou a criar ou perpetuar o estereótipo popular da

psicopata como não é realmente humano, um monstro satânico esconder atrás da

máscara da sanidade. Esta é " a máscara requintadamente enganosa da

psicopata " , que usa facilidade e charme extraordinário para posar como um

pessoa normal. " Nós não estamos lidando aqui com um homem completo em todos, mas

com algo que sugere uma máquina reflex sutilmente construída, que

pode imitar a personalidade humana perfeitamente. Esta em bom funcionamento

aparelho psíquico reproduz de forma consistente não apenas exemplares de bom

raciocínio humano, mas também simulações apropriadas de humano normal

emoção em resposta a quase todos os estímulos variados de vida . assim

perfeito é a reprodução de um todo e homem normal que ninguém que

examina -lo em um ambiente clínico pode apontar em científica ou

termos objetivos por que, ou como, ele não é real ... O psicopata , porém perfeitamente que ele imita o homem , teoricamente , isto é , quando ele fala

para si mesmo em palavras, falha completamente quando ele é colocado no

prática da vida real . " (referência à Cleckley , páginas 369-370 E

383 .)

Entre os psiquiatras , a influência de Cleckley não foi sobre a

monstro por trás da máscara , mas vem de suas descrições poderosas de

o comportamento de alguns de seus pacientes psicopatas .

Um caso memorável foi " Milt " , que tinha 19 anos quando ele chegou no hospital.

Ele tinha feito um monte de coisas anti-sociais. Quando criticado por eles, ele

feito desculpas encantadoras , mas nunca pareceu realmente a apreciar a

gravidade do que ele tinha feito e continuou da mesma forma . um

incidente foi quando ele estava dirigindo a sua mãe de volta do hospital depois

seu grande cirurgia . O carro explodiu um fusível e quebrou no meio da

uma longa ponte. Com a escuridão cair , Milt conjunto de caminhar para uma

garagem meia milha de distância para obter um fusível. Ele disse que iria pegar uma carona e

estar de volta em menos de quinze minutos . Depois de uma hora sua perturbada

mãe conseguiu uma carona para casa . Ela ligou para hospitais para ver se Milt

tinha tido um acidente.

No caminho para a garagem, ele parou em uma loja de charutos por 10-15

minutos, para verificar os resultados de futebol. Então ele chamou de uma garota que vive

nas proximidades e conversou casualmente por uma hora. Todo esse tempo ele se lembrava

sua mãe estava esperando . Quando ele finalmente recolheu o carro e veio

casa, ele foi cruzar com sua mãe por não ter esperado . Ele mostrou " um

imunidade branda para o reconhecimento de que ele havia se comportado de forma irresponsável ou

inconsiderately " . (Referência à Cleckley , PAGE 161.)

Cleckley usou essa e outras descrições de caso para elaborar uma lista de

as características distintivas dos psicopatas . estes incluíram

encanto superficial, insegurança, falta de sinceridade , falta de remorso ,

egocentrismo , a pobreza emocional, e uma falha em seguir qualquer vida

plano. O perfil da " Cleckley psicopata " é a origem de

abordagens atuais para diagnóstico , incluindo o Hare Psicopatia

Checklist .

No Psychopathy Checklist , Hare distingue dois "fatores" , que

estão altamente correlacionados uns com os outros , mas que têm diferentes

padrões de inter- correlações com outras variáveis. Um fator

representa traços de personalidade típicos da síndrome : " egoísta,

uso insensível e sem remorsos de outros " . Fator Dois reflete socialmente

comportamento desviante : " cronicamente instável , anti-social e socialmente

estilo de vida desviante " . Se o diagnóstico de ser um psicopata é suposto

para explicar o comportamento anti -social, presumivelmente Fator Um faz a maior parte

o trabalho de esclarecimento , como Fator Dois dificilmente vai além listando o

comportamento a ser explicado . E os traços de personalidade de um fator de

são mais relevantes para questões sobre consciência. Os itens em Fator

Um são loquacidade e charme superficial , um senso grandioso de

auto-estima, mentira patológica , sendo enganando e manipuladora , a falta

de remorso ou culpa, emoções superficiais , sendo insensível e sem

empatia, eo fracasso em aceitar a responsabilidade por suas próprias ações .

(Referência à ROBERT D. LEBRE : A lista LEBRE psicopatia

-Revised).

Há dúvidas sobre como as pessoas acabam com um diagnóstico de transorno de personalidade anti- social. Os que eu conheci eram em Broadmoor como

resultado de duas coisas: ter cometido um crime grave e tendo sido

avaliada como tendo um problema psiquiátrico e não como um "comum"

punição precisando criminal. Há questões sobre o quão longe eles

são diferentes de pessoas sem escrúpulos na vida ordinária , que conseguem obter

seu caminho ou sem cometer crimes , ou então sem receber

apanhados. Como eles se comparam com alguns dos políticos, empresários ,

magnatas da mídia, diretores de instituições acadêmicas, os capitães da indústria

e outros que podem também , por vezes, estar mentindo, insensível , manipulador

encantadores com um senso grandioso de auto-estima e um pouco de remorso ? e

como eles se comparam com aqueles que cometeram crimes semelhantes, mas

que são enviados para a prisão , em vez de ver os psiquiatras ?

2. Amorais ?

Uma pergunta óbvia é o quão longe alguém com o registro de anti-social

Fator Dois, combinado com o , enganando , personalidade insensível simplista de

Fator Deve-se qualificar como tendo uma "desordem" , em vez de apenas como

ser moralmente ruim. Poderia a pessoa com personalidade anti-social

desordem vir a ser o " amoralista racional " que assombra

livros filosóficos sobre ética ?

Pelo menos , já em Platão , os filósofos que escrevem sobre ética tem

tentou várias vezes para enfrentar o desafio de dar razões convincentes

ninguém deve se preocupar com as reivindicações da moralidade. Uma forma deste

desafio que é necessário é a procura de argumentos que refutam a

amoralista . Mas essa construção teórica , o " amoralista " , acaba por

ser um personagem escorregadio.

A versão simples do amoralista é alguém totalmente auto- interessado

e preparados impiedosamente para pisar ninguém. Mas , porque

sociedade está configurado para dissuadir as pessoas de agir assim , um racional

amoralista terá que operar disfarçado pesado. Para evitar legal

punição ou ostracismo social , uma pessoa auto- interessado deve , no mínimo,

tentar " passar" como alguém que respeita os interesses dos outros.

Seja qual for a atitude subjacente , o comportamento , pelo menos, torna-se menos

de uma ameaça. A segunda modificação resulta se o amoralista tem

humano comum desejos de relacionamentos. As relações mais profundas

são incompatíveis com o que está sendo abordado em um espírito de auto- interessado

cálculo . Então, algum envolvimento emocional com particular outro

as pessoas podem fazer algumas rachaduras na barreira contra o altruísmo .

Como resultado destas modificações , há uma forte redução do

núcleo conceitual do amoralismo . O puro amoralista " conceitual " não pode

ser egoísta. Ele pode muitas vezes se preocupam com outras pessoas e agir em relação a eles

com benevolência e generosidade mesmo . Mas ele faz isso porque ele

quer , não por causa de qualquer pensamento que ele deveria fazê-lo ou sobre

obrigações morais . Confrontado com os usos "morais" de palavras como " deveria " ,

"Certo" , "errado ", " dever" , "obrigação" , ele vai reagir como Oscar Wilde

fez quando lhe perguntaram se ele era patriótico : " O patriotismo não é um dos meus

palavras ".

Um dos objetivos dessas entrevistas era ver as pessoas como agora com anti-social

transtorno de personalidade faz ou não convergir com um desses tipos

de amoralista .

3. AS PERGUNTAS entrevista e restrições morais .

As pessoas a serem entrevistadas tudo tinha feito algumas coisas terríveis. o

plano de entrevista começou a partir de um quadro que eu usei para o trabalho anterior sobre

a psicologia de pessoas envolvidas em alguns dos grandes XX

atrocidades do século . Pensando em Auschwitz, o Gulag , Hiroshima ou

o genocídio de Ruanda , há uma pergunta óbvia : como podem as pessoas

têm-se levado a fazer tais coisas? Aproximei-me isso, pedindo

sobre as restrições na vida cotidiana , que impedem as pessoas de

torturando ou matando uns aos outros . Eu propus um conjunto de restrições e

em seguida, perguntou o que tinha acontecido com eles na Alemanha nazista , Ruanda e outros

lugares. Estas entrevistas tentou uma estratégia similar. Quando o povo

Eu estava entrevistando cometeram seus crimes terríveis , foram os normais

restrições oprimido por outras coisas ? Se sim, como eles foram

oprimido, e por quê? Ou eram essas pessoas sem normal

restrições ? De qualquer maneira, o que se passava dentro deles ? Como é que eles pensam

sobre o que deve ou não deve fazer?

Quais são os factores que , na maior parte do tempo , evitam que as pessoas

crueldade, violência e morte ? Um fator óbvio é o interesse próprio .

A morte de um concorrente pode ser rentável. Agredir um inimigo

poderia dar satisfação psicológica . Mas a sociedade está organizada em um

maneira a intenção de fazer a custo muito elevado . Normalmente, para racional

pessoas com interesses próprios , tais tentações são superados pelo risco de

desgraça social e da prisão de longo prazo.

Claro que, para a maioria das pessoas , o cálculo auto- interessado não é o

história inteira . " Anel de Giges " de Platão brilhantemente simples pensamento

experimento é projetado para trazer isso. Se você tivesse um anel que fez você invisível , de modo que os crimes não seriam seguidas por punição e

desgraça , você teria alguma razão para não roubar, não estuprar ou não

para atacar as pessoas que você antagonizam ? O anel de Giges é um desafio

para soletrar os recursos morais que temos : os motivos de contenção que

não são apenas auto- interessado .

Estas restrições morais estão enraizados em nossa psicologia . Central entre

eles são o que pode ser chamado de " as respostas humanas" . Nós somos capazes de

sentir simpatia por outras pessoas. Embora a resposta pode ser

amortecido ou sobre- montado, que pode ser encantado com a alegria de alguém ou

angustiados com o seu sofrimento. E nós temos uma tendência a mostrar outra

as pessoas respeitam . Mais uma vez a resposta pode ser amortecido ou sobre- montado. mas

sentido maioria de nós tem da dignidade de outras pessoas é uma barreira

contra humilhá-los . Estamos chocados de ver alguém ser cuspido

na . Estas respostas humanos de simpatia e respeito estão ligados a

empatia : a nossa imaginar como é que alguém

experiência do sofrimento ou humilhação .

Outra restrição moral chave é o nosso senso de nossa própria identidade moral.

A maioria de nós tem uma idéia do tipo de pessoa que somos. Nós às vezes

tem uma imagem do tipo de pessoa que gostaríamos de ser, juntamente

com os valores que moldam essa imagem. Mesmo que a imagem não está bem

funcionou ou é parcialmente inconsciente , pode funcionar como uma moral

contenção. Podemos , pelo menos, sabe o tipo de pessoa que não quer

ser, e isso pode nos deter de trabalhar no comércio de armas ou

tornando-se um evangelista de televisão.

As perguntas foram projetados principalmente para ver o quão longe estes moral restrições estavam presentes nos homens que entrevistei . A fim de tornar o

questões como unthreatening possível, evitei perguntar " você tem

um senso de certo e errado? "Em vez eu perguntei sobre o que fariam

ensinar as crianças sobre o certo eo errado . Eu também perguntei se, caso eles

dirigia um carro , eles iriam estacionar em um espaço de "desativado", e qual a sua

razões eram para fazer ou não fazer isso. Onde eles disseram que não

estacionar no espaço com deficiência , a questão de acompanhamento sobre as razões poderia

tocar em seu interesse próprio : "Eu não gostaria de ter roda- fixada "

ou " pode ser estranho se as pessoas notaram ." Mas havia também o

possibilidade de encontrar alguns dos recursos morais : simpatia para

pessoas com deficiência, o respeito pelos seus direitos ou até mesmo o senso de moral

identidade : "Eu não gostaria de ser o tipo de pessoa que era tão mau

como fazer isso " . Algumas questões tinham a intenção de explorar o seu sentido de

identidade moral : " Como você descreveria o tipo de pessoa que você pensa

você é ? Você tem uma idéia do tipo de pessoa que você gostaria de

ser? " Outros explorado se havia coisas que fez com que se sintam

culpado. Outros explorou sua compreensão de conceitos morais , como

justiça.

As pessoas entrevistadas todos tinham um diagnóstico de personalidade anti-social

desordem. Eles também haviam sido condenados por pelo menos um crime grave

como assassinato ou estupro. Antes das entrevistas Evitei descobrir

o que crimes que haviam cometido , como eu não queria que minhas respostas e

vista de que eles sejam influenciados por esse conhecimento . E durante as entrevistas

Eu não perguntei a eles o que seus crimes tinham sido. (Às vezes, eles

ofereceu esta informação sem ser perguntado .) Mas , a fim de explorar a sua capacidade de empatia e simpatia, eu fazia perguntas

ao longo das linhas de " Quando você fez tudo o que era, se você imaginar o quão

as pessoas que você se sentiu prejudicado ? Você poderia imaginar como eles se sentiram ? Será que você

se preocupam com o que sentiram ? "

Estas entrevistas são um pedaço de " pesquisa qualitativa " , um termo muitas vezes

contrastado com " pesquisa quantitativa " . Porque as perguntas não estão

que visa "sim" ou "não" , mas estão em aberto , estas entrevistas

não se prestam para resultados quantitativos. O objectivo tem sido um

compreensão intuitiva de como os membros do grupo pensar sobre direito

e errado, sobre si mesmos e seus valores. o intuitivo

entendimento pode , talvez, ser comparada com a de um historiador tentando

ter uma idéia do que Asquith era como de suas cartas, ou tentando

começar uma sensação para a mente de Hitler a partir dos registros de sua conversa de mesa .

Tais documentos podem não se prestam a análise numérica , mas

ainda podem ajudar a compreensão do historiador.

Um pedaço de uma pesquisa qualitativa , muitas vezes, levantar questões que

exigem pesquisa quantitativa. Neste estudo , por exemplo , estes

entrevistas não foram também dado a um grupo de controle. Consideramos fazendo

isso, mas decidiu contra . Como grupo controle , poderíamos ter tido um

grupo de estudantes , um grupo de pessoas em hospital psiquiátrico com um

diagnóstico diferente, um grupo de soldados , um grupo de enfermeiras , ou um

grupo de pessoas na prisão . Diferentes grupos de controle geraria

muito diferentes conjuntos de semelhanças e contrastes . cada possível

grupo controle teria inclinado a ênfase do estudo, em um

direção diferente. Ter um grupo de controle teria permitido

medição, mas achamos que as vantagens desta teria sido

compensado pelo efeito de inclinação . Queríamos uma visão ampla deste

grupo , e não uma imagem principalmente dos contrastes particulares entre eles

e , digamos , os estudantes .

Mas essa imagem vai levantar questões cujas respostas requerem

métodos comparativos e quantitativos . Nossos entrevistados

pacientes psiquiátricos. Eles também foram condenados criminosos violentos . eles

também teve o diagnóstico de transtorno de personalidade anti-social. para

estabelecer a contribuição distinta do seu diagnóstico para o que eles

disse que é claro que as comparações quantitativas com aqueles em

as outras categorias sem o diagnóstico . O quadro aqui é um

esboçar . Destina-se , em parte, para dar uma sensação intuitiva para um grupo de pessoas

cuja própria maneira de ver as coisas não é muito compreendido, e em parte para

sugerir hipóteses que podem ser testadas em estudos futuros.

As entrevistas foram " semi- estruturado " . Ou seja, um conjunto padrão de

perguntas estava no lugar, mas não foi rigidamente obedecidas. O objetivo era

algo mais coloquial . A informalidade pode incentivar as pessoas a serem

mais próxima . E , quando alguém disse algo interessante , eu me senti

livre para segui-lo , independentemente do plano original . Isso fez com que o

entrevistas até menos suscetíveis a quantificação , mas espero que este

desvantagem acabou por ser superado pelo interesse do que era

disse .

CAPÍTULO DOIS: os contornos de uma MORAL DA PAISAGEM .

PROFUNDIDADE MORAL E superficialidade .

Um tema das perguntas era sobre que tipo de coisas estão erradas , eo que os torna assim. (Normalmente colocar em termos do que as crianças devem

ser ensinado , em uma tentativa de tornar a questão menos ameaçadora ou

acusador.) A questão aproveitado para a grande variedade entre os

entrevistados em um continuum entre o que pode ser chamado de "profundidade" moral

e " superficialidade " .

A questão sobre o que as coisas estão erradas , por vezes, provocou respostas de

impressionante superficialidade .

CQ : Eles não devem jurar, você sabe, fazer o que sua mãe diz-lhe para

que , você sabe, fazer bem na escola, quando você crescer , você sabe. ser

cuidado que você misturar com. Não fale com estranhos , você sabe. Coisas

assim ...

O que é mais errado -bullying ou palavrões ? Hm , xingamentos e intimidação

é errado, errado tanto nos meus olhos. Tanto o mesmo ? Sim, a mesma coisa .

(QUIGLEY 1,2 .)

IQ: Mas eles disseram que eu tenho me um padrão moral bastante elevado definido.

O que você pode dizer sobre os seus padrões muito elevados moralistas ? Bem, eu

Não jurar na frente de mulheres.

Eu sou respeitoso. Quer dizer, eu acredito na abertura de portas , e se um

feminino está andando , seja ele um paciente ou um membro do pessoal, deixei

eles atravessam a porta em primeiro lugar, e coisas assim ...

(Questor 6.)

Outros eram bastante inarticulado quando pediu para ir além de listagem

coisas específicas que achavam errado e dar razões para itens que estão sendo

na lista . Mas às vezes uma visão mais geral (como " coisas que você

não gostaria que se fosse feito para você "ou" coisas que, a longo prazo não vai fazer você feliz ") surgiu .

QA: Um dia eu comprei a minha esposa uma dúzia de rosas vermelhas e colocá-los em cima de

a televisão para quando ela entrar e quando o meu filho vê-los ele cortou

los com um par de tesouras. Bem, eu não castigá-lo . Minha esposa

repreendeu . Se você tivesse falado com ele, o que você teria

gostava de colocar toda ? O que você acha as crianças devem ser ensinadas sobre

o certo eo errado ? Não sair roubar. Não para sair e lutar

apenas a pé. É preciso um homem melhor se afastar do que apenas de pé

e lutar. Não para sair e xingar as pessoas e tudo mais. não

ficar em apuros , na verdade. Mas se você estava trazendo seus filhos ,

você pensaria de dizer-lhes estas coisas ... Eles não devem cortar rosas fora ,

eles não devem gritar depois de outras pessoas. Supondo que as crianças disseram ,

"O que faz todas essas coisas erradas ? O que é que têm em comum

que faz com que eles estão errados ? Bem , é só abusivo, isso é tudo. É apenas

abusivo ... sendo abusivo o tempo todo. Supondo que você estava trazendo um

filho e ele diz: " Você me diz que todas estas coisas estão erradas , mas o que

torna errado? O que faz todas estas coisas , roubar e mentir e

abusando de pessoas - o que os faz tudo errado ? Bem, isso os torna errado

- Não é sua propriedade. Ela pertence a outra pessoa. Alguém mais tem

comprou, ou construí-lo ou se tivesse dado, ou algo assim, e

que não é de sua propriedade. É sua posse. É deles . que tal

gritando depois que as pessoas idosas? O que torna errado? Gritando depois de velho

pessoas? Bem, eu acho que é mickey- tomando mais do que qualquer coisa . Isso é

errado , abusando idosos. As pessoas mais velhas não se virar e começar a

gritando , batendo , mas eu costumava castigar minhas duas meninas quando eles costumavam gritar com a Sra. Hopkins que morava ao lado. ela tinha

dois paus e eles usaram para tomar o mickey fora dela ... um dia eles

poderia ser o mesmo e alguém poderia começar a gritar com você e como

Como você gosta?

(ASH 2, 3 .)

Qual é a distinção entre profundidade e superficialidade aqui? profundidade pode

vêm de uma séria reflexão sobre por que as coisas importam. esta reflexão

Pode ser sobre si mesmo. Que tipo de vida que eu quero levar e por quê?

Que tipo de pessoa que eu quero ser ? Pode ser sobre religião ou

sociedade. Nada disso envolve necessariamente muita preocupação com outro

pessoas. Por outro lado, a profundidade pode vir , não de reflexão, mas

a partir de uma sensação intuitiva para outras pessoas e para o que importa para eles .

A pergunta sobre como você gostaria que alguém começou a gritar

em você tem pelo menos alguma profundidade . Mas a ênfase nas mulheres Letting Go

pela porta primeiro e em não jurando são superficiais porque

convencional . Eles não mostram sinais ou de reflexão sobre os motivos ou de

uma sensação de que realmente afeta as pessoas. Isto aplica-se mais claramente a

a visão de que xingamentos e intimidação são igualmente ruins .

Interesse próprio e do Anel de Giges .

Havia a questão do que princípios de seleção , se houver, eles

estavam usando . Eles foram convidados por que eles ensinam as crianças a fazer alguma

as coisas e não fazer outras. Alguns oscilou entre razões que

recorreu às idéias de certo e errado ou preocupação para outras pessoas

e razões atraente para interesse próprio. A ênfase foi fortemente

auto- interesse .

Quando você está falando de crianças mais novas, dizem crianças de cerca de 6

ou 7 , o que você ensiná-los sobre o certo eo errado ? Z.C : Bem, eu

iria ensiná-los ... para não se comportar mal , não roubar . Gostaria de dizer-lhes

as razões , no entanto. Eu não apenas dizer a eles -não roubar porque

que é errado . Gostaria de dizer-lhes o motivo. Porque se você roubar , a

polícia iria pegá-lo , eventualmente , eles iriam trancar você e você

sofreria. Gostaria de dizer-lhes assim. Você conhece algum outro

razões ? Bem, isso é errado . Gostaria de explicar-lhes - Como você

como se alguém roubar a sua propriedade? Você não gostaria . Portanto, não roubar

propriedade de outras pessoas . E também porque é importante , pois você estar

preso, trancado na prisão e bem- lo sofrer. Você perde sua

liberdade.

(Crinos 1 .)

Outros deram razões que recorreu apenas para interesse próprio.

O que você ensiná-los é certo e errado ? O que você tem em

mente? NB : Um, ensiná-los a não falar com estranhos , um, para não ficar em

do lado errado da lei, quebrar a lei , um, ensinar-lhes coisas que

Eu já passei por , ensiná-los a não fazer o que eu fiz, o tipo de coisa, então

ensinar-lhes diferente. Obter uma boa educação, conseguir um bom emprego . supor

você estava ensinando seus filhos a não falar com estranhos , obter um bom

educação, para não quebrar a lei. Eles virar com a idade de 13 e

dizer: "Bem , OK , você está nos dizendo tudo isso, mas por quê? Qual é a razão

por trás de tudo ? O que você diria ? Hum, [longo silêncio] Porque você precisa

um trabalho na vida e uma boa educação na vida para chegar a algum lugar . Se você

não , então você está indo só para ser um, no desemprego , vivendo em albergues e bedsits para as idades , sem dinheiro, quase sem roupas, não pode obter-se

uma boa refeição. E é por isso que você precisa de uma boa educação e um trabalho, e

quando você está no desemprego e vivendo em uma quitinete , e você não tem nada

para o seu nome, então você começa a roubar lojas, comida de lojas. você

pego, você terá problemas com a lei. Então, realmente você está dizendo

los a ter uma vida feliz ? É.

(BLACK 2.)

Quando os resultados de ser pego são tão proeminente entre as razões,

é natural se perguntar o que a pergunta sobre o anel de Giges vontade

suscitar . Alguns , compreensivelmente, foram um pouco jogado por ele. Às vezes

Era difícil ter certeza de quão longe as suas respostas reflete uma atitude de verdade

e quão longe elas refletiam a necessidade de dizer algo como uma resposta a

perguntas que achei difícil e, talvez, a pressurização .

Em geral, você acha que as pessoas devem fazer a coisa certa? L.F : Yeah. mesmo

se eles pudessem se safar fazendo a coisa errada ? Qual é a razão

para fazer a coisa certa , se você pode começar afastado com não fazê-lo? dizer

de novo? Bem, suponho que você poderia começar afastado com não ser pego ,

qual é o ponto de incomodar em fazer a coisa certa? Bem, eu

não sei [ele ri] para ser honesto. Hum, depende , eu não sei, eu

Não sei. Era uma vez um filósofo que disse que , se tivéssemos uma

anel que nos fez invisível , haveria uma pergunta sobre se

precisamos preocupar com a moral em tudo ... O que você pensa sobre

alguém que disse: " bem , não precisa se preocupar com a direita e

errado, se é que podemos sair com ele por causa de ser invisível " ? Eu

dunno . Será que você sente que tem alguma razão para fazer a coisa certa? não,

não realmente. Você pode roubar , mas você fosse invisível para que ninguém veria

é você. Você faria isso? Bem, suponho que sim.

(Farleigh 12.)

Outros não foram tão jogado com a pergunta. Muitas vezes, a primeira resposta é

a duvidar da plausibilidade do que essas experiências de pensamento de contos de fadas

assumir . Será que a invisibilidade realmente ser uma proteção confiável contra

ser pego ?

O filósofo grego Platão tinha a idéia de que , se tivéssemos um anel que

nos fez invisível , haveria uma pergunta que nós tivemos qualquer razão

não roubar . Se tivéssemos um anel que nos fez invisível , que nunca seria

apanhados. Haveria alguma razão para não roubar , então? Z.C : Diga

você está invisível , você pode começar afastado com ele , talvez cem vezes.

Mas, eventualmente, eles vão desvendá -lo - alguém que é invisível é

fazendo isso e que provavelmente será mais ... olhar para fora ... assim que você vai

pego no final? Pois é ... Eles suss que alguma pessoa invisível

está fazendo isso . Há alguns filmes onde eles mostram pessoas invisíveis e

eventualmente, eles pegaram eles.

(Crinos 7 .)

Mas a próxima resposta foi muitas vezes a pensar que uma versão eficaz

removeria quaisquer problemas sobre o roubo , porém o detalhe desta

linha de pensamento foi, por vezes bizarra.

Mas se eu pudesse fugir com ele , se eu realmente poderia fugir com ela

sempre supondo - Eu só sabia que eu poderia sair com alguma coisa, seria

haver qualquer problema em fazê-lo , então? Z.C : Não não. Não, você está

direita. Não seria um problema . Se você fosse invisível e, digamos, manteve matando as pessoas e você não pode ser pego , então, eventualmente , e

você seria a única pessoa no planeta, e que seria solitário por

a si mesmo se você matou todos.

(Crinos 7 .)

Um ponto de vista é que usando o anel de Giges não parava de atos que são

errado, mas que a falta de consequências para o utente significaria a

incorreção não importava.

Se uma criança tinha o anel , o que você ensiná-los ? Haveria

qualquer coisa que ... JF : Seja acima da lei, um passo acima da lei. Será que

aquelas coisas que ainda seria errado , mesmo que você sempre pode obter

fora com eles ... Seria errado , sim, mas se você pudesse fugir com

ele , você seria um passo acima da lei. Então , está tudo bem ? Isso é

tudo bem , sim.

(Queda de 2 .)

Para alguns, o anel teria resultados que foram melhor do que " tudo

direito " . Seria uma oportunidade maravilhosa.

Se tivéssemos um anel que nos fez invisível , haveria uma razão para

se preocupar com o certo eo errado ? Porque você ainda pode ter um bom

vida, porque você nunca tinha pego? N.B : Isso seria o meu perfeito

sonhar , que o faria. Isso seria o seu sonho perfeito. Seria, sim.

Se você acabou de fazer qualquer coisa, poderia ter qualquer coisa ... E que você faria isso ?

Eu gostaria, sim .

Se você pudesse ter uma boa vida, fazendo as coisas que estão erradas , porque

você não pode ser pego , então não haveria problema? ... Eu acho que ,

porque eu sabia que eu poderia fugir com ele , mas você pode usar o anel de uma forma em que você não pode simplesmente fazer as coisas erradas, mas ter uma boa vida

fora de usar o anel também? O.K , como você usaria o anel para um

boa vida ? Hum, casas , carros, barcos , feriados. Este estaria tomando

estes carros e barcos e coisas, não é? Ah, sim , você seria ,

sim.

(BLACK 3.)

No entanto, nem todos compartilhavam o entusiasmo geral para o anel . um

pensei consciência ainda funcionaria .

Se pudéssemos ser invisível ... não teríamos qualquer razão para se preocupar

cerca de respeitar os direitos das outras pessoas , porque ninguém saberia

fomos nós. O que você acha disso? B.F : Er , eu acho que se você tivesse o

psicopata final sem consciência , então você pode começar afastado com ele ,

Sim. Mas eu não acho que há alguém aqui que ... Eu não posso imaginar,

talvez haja , de que existe alguém cuja consciência permitiria

-los a fugir com ele . Ou, eu não sei, parece, se você estivesse em

o tipo de posição em que você quer fazer isso , hum, eu poderia adivinhar que

você não seria muito feliz em fazer isso.

(FELLOWS 3.)

Amorais ?

Nas entrevistas, o entusiasmo (generalizada , mas não universal) para

os efeitos libertadores do anel de Giges sugere alguma afinidade

com o auto- interesse cruel de amoralismo simples. Esta equipado com

expectativas que eu tinha , com base no estereótipo sobre " falta de uma

consciência " . Mas , contra esse estereótipo , as suas perspectivas não caber

o núcleo conceitual do amoralismo : a incapacidade de compreender , ou a rejeição , o vocabulário de conceitos morais. Para a maior parte ,

eles não tinham abandonado (ou não conseguiram adquirir) o vocabulário moral de

o certo eo errado , o bem eo mal, o justo eo injusto . E certa moral

conceitos e pensamentos , em particular, foram profundamente enraizado na

perspectiva de muitos deles.

Justiça e respeito aos direitos .

Entre os conceitos morais que tiveram uma forte influência sobre a maioria dos

entrevistados eram justiça e respeito pelos direitos das pessoas. às vezes

o respeito aos direitos estava ligado a deixar as pessoas vivem suas próprias vidas

e justiça era visto como igualdade de tratamento. Estes combinados na idéia

que diferentes grupos, como homens e mulheres, devem ser igualmente livres

para viver suas próprias vidas.

ZC : No caso da minha irmã , eu gostaria que ela deu à luz ao bebê ,

porque eu gosto de ter abundância de sobrinhos e sobrinhas . Mas não é para cima

para mim. Quero dizer , eu não posso ir e dizer a minha irmã -oh , vá em frente , você tem a

bebê, quer você goste ou não. Eu não posso fazer isso. É para o meu

irmã. Cabe ao indivíduo. Assim, um de seus valores é respeitar

indivíduos ? Que outros valores que você acha que você tem ? Quem, eu? Sim.

Valores , hein? [longa pausa] Bem, eu falei com um psicólogo muito tempo

atrás. Eu acredito no que eu acredito que as mulheres devem ser tão iguais quanto

os homens. Eu acredito que as mulheres devem ser autorizados a fazer qualquer trabalho que os homens

fazer - eles devem ser autorizados a fazê-lo também. Se eles são bons nisso ,

eles devem ser autorizados a fazê-lo. Eu também acredito que a mulher -I

Quer dizer, se a mulher sai e tem muito sexo com homens, alguns homens

iria chamá-la de vagabunda . Mas eu não concordo com isso. Os homens gostam de ir e tem abundância de sexo com mulheres , por isso a mulher deve ser permitido ter

abundância de sexo com homens. Isso é uma questão de justiça ? É , sim. o que

é a justiça ? O que significa ser justo ou injusto? Igualdade de

todos. O que quer que eles estão autorizados a ser, os outros devem ser

permitido viver .

(Crinos 4 .)

Às vezes, a preocupação de justiça e pelos direitos estava ligado a

consciência imaginativa de como os outros podem sentir quando tratado injustamente

ou quando os seus direitos são ignorados. O homem cuja consciência não o faria

deixá-lo fugir com o uso do anel de Giges apelou à imaginação

aqui.

Levar o seu carro para chegar ao mercado, o que você faria se houvesse uma

falta de espaço e havia um espaço desativado, você estacionar em

o espaço desativado , por vezes, ou não? B.F : Não. Nem um pouco ? Nem por isso,

nenhum . Por que não? Er , porque não há uma razão específica. deficiência têm

problemas com a mobilidade, e você sabe que não haveria nada que me impeça

estacionar muito longe e andar com o carrinho ... mas algumas pessoas

ter

a .. precisam de cadeiras de rodas , seja qual for , dar a volta ... ou andando frames, então eu

se não , seria muito injusto , um ... Injusto ? Sim , em qualquer potencial

pessoa com deficiência que queria usá-lo . Sim. Como você decide o que é

justo eo que é injusto? Hum , acho que parte disso é para baixo, seria

que causam sofrimento , criar problemas para alguém ? Sim. E , er, você

sabe, está olhando prós e contras de qualquer decisão que eu suponho, er, sim

ele iria me poupar tempo e esforço, se eu estacionei lá, mas a quantidade de esforço e tempo uma pessoa com deficiência perderia seria maciçamente superam

que . Então, é , em parte, uma espécie de maior felicidade para maior número

tipo de problema , (ou menos miséria) ? Hum, em parte , mas não é apenas só

que . Não. O que mais é? Hum, eu suponho que é , em parte, como me sinto sobre

de qualquer maneira. Quando você diz " como você se sente " o que você tem em mente? hum,

bem, eu suponho que alguém tenha experimentado em algum momento as pessoas com deficiência

ser ignorado , seus direitos sendo ignorado , e da maneira que pode fazer

sentir. E se você está muito feliz em apenas colocar-se com isso, então ,

er, você provavelmente não terá muito de um problema com o uso de seu

espaço de estacionamento , mas , er, se você não for , então ...

(FELLOWS 1,2 .)

Mas este apelo à imaginação era raro. Para a maioria dos outros entrevistados ,

enquanto o respeito pelos direitos das pessoas era importante , não foi

particularmente ligada a qualquer empatia ou sentimento de simpatia para as pessoas

cujos direitos estão sobre- montado.

Você acha que isso é errado estacionar em um espaço com deficiência? O.A : Sim, eu faço.

Por que é errado ? Como pode haver alguém que vem para usar

o espaço que está desativado e não pode estacionar lá. Não é o que eu faria

fazer. Isso é porque você sente pena da pessoa com deficiência ? Não, é

porque as pessoas com deficiência têm direitos assim como as pessoas normais . Sim ,

é só respeitar os seus direitos ? Sim, eu respeito os seus direitos básicos .

(Addison 1 .)

Vale a pena explorar este forte compromisso com a justiça e

respeitando os direitos , mas que não resultam de simpatia imaginativa

com aqueles tratados injustamente . É uma característica dominante deste moral paisagem . Onde é que ela vem?

FONTES DE moral sem simpatia.

Uma entrevista trouxe um motivo para respeitar os direitos das pessoas que

ecoou o apelo de Hume para a estabilidade e outros benefícios que vêm

de convenções mútuas tácitas para respeitar a propriedade de cada um.

Q.A : Não há nenhum roubo em tudo. Eu nunca ouvi falar de um paciente

roubando de outro paciente no hospital . Por que você acha que

é ? Bem, acho que eles respeitam cada um. Eu tenho uma televisão, eu tenho uma

periquito , um Walkman - todo esse tipo de coisa. E deixo minha porta aberta.

Cada paciente já tem o mesmo tipo de coisas . Eles fazem um pouco

de trocar , rodar e negociar entre si, mas eles não

ir roubar um do outro. Você mencionou sobre respeitando cada

outro . Você respeita as pessoas assim? Eu respeito as pessoas se elas falam comigo

e tratá- me OK. Se não o fizerem , eu simplesmente ignorá-los . Eu não vou ter

nada a ver com eles. Eu não quero ter nada a ver com qualquer

desordeiros ou qualquer coisa assim agora ...

(ASH ? 7 ? 8.)

No hospital parecia haver um conjunto de convenções tácitas que

foi além de respeito pela propriedade .

No hospital aqui existe uma espécie de código moral que as pessoas obedecem

sobre o que fazer com o outro, como você trata os outros e assim por diante,

ou não? Existem coisas que a maioria dos pacientes concordariam estavam errados

quando alguma pessoa faz isso para outro paciente? J.Q : Sim, acho que sim.

Não há nada realmente dito ou escrito, mas é uma espécie de

geralmente aceite que , sem nada nunca foi dito, do que é

eo que não é feito. O que você diria que são as coisas em que moral

código? Hum, eu quero dizer , como , homossexualidade, em OK privado, em público , não.

Coisas como essa , você sabe ...

É uma espécie de regra aceite que você não pedir às pessoas sobre sua

história ou qualquer coisa assim.

(Quirk , 12-13 .)

O crescimento de um acordo desse tipo exige uma idéia do que os outros

É provável que querem e como eles são propensos a se comportar em resposta a

o entendimento tácito sendo mantidos ou quebrados . Mas ter empatia por ,

ou se importar com os sentimentos dos outros não é essencial. este

estratégia é na melhor das hipóteses um passo mínimo de distância da auto- interessado

amoralismo .

Simpatia não é o único caminho longe do amoralismo . A maioria das pessoas do

perspectiva moral vem a partir de uma variedade de fontes . Alguns estão ligados a

simpatia e alguns não são. Nas entrevistas, três elementos não

ligada a simpatia desempenhado um papel importante . Um deles é o que pode ser chamado

" Moralidade comando" . As outras duas são versões de equidade, um baseado

sobre o que pode ser chamado de " igualdade primitivo " eo outro com base no que

pessoas merecem .

MORALIDADE COMANDO .

Um exemplo de comando moralidade é encontrada nas versões autoritárias de

religião : " isso é errado porque Deus disse assim, e não há espaço

para uma discussão mais aprofundada . " Outra versão é a atitude que muitas pessoas

tem que a lei da terra : "Não cabe a mim julgar se o

razões para a lei são boas ou más ; isso é ilegal e por isso deve não ser feito . " A frase de Immanuel Kant "a lei moral " traz à tona

paralelos entre sua moralidade secular e divino e

Leis parlamentares. Alguns queixaram-se de que sua abordagem tem um

dependência escondida na idéia de um legislador divino estes críticos pensam

ainda se esconde por trás da lei moral supostamente secular. E , olhando para

própria moral religiosa , Freud famosa viu , à espreita , por sua vez atrás

o legislador divino, os comandos e as repreensões de uma criança do real

pai. A " voz da consciência " divinamente inspirada estava em seu ponto de vista

o eco internalizada da voz dos pais de indução culpa.

Nenhum dos entrevistados mencionou Deus ou deu motivos religiosos em

apoio de suas crenças morais , e só havia um deles que

ainda pode ter ouvido de Kant. Seja qual for verdades ou ilusões subjacentes

suas várias versões teóricas , a moral comando era uma presença em

as entrevistas . Sem surpresa, os comandos dos pais foram a importante

queridos, como no caso do homem citado acima que pensou assédio moral e

xingamentos foram igualmente errado :

Por que está jurando errado? C.Q : Bem, é apenas a maneira que eu fui trazido

acima, não xingar as pessoas . É a maneira que minha mãe e meu pai trouxe -me,

você sabe . Fomos criados , como o que estava errado e que era certo

e que , você sabe. " ...

(Quigley, 1,2.)

Outros insinuada autoridade parental como a razão para a realização de

crenças particulares . Em um caso , esta foi combinada com a Rainha

sendo central a alguns dos seus conteúdos. Possivelmente a ser criada com

uma moralidade comando incentiva uma vontade geral de adiar para aqueles visto como tendo autoridade.

LN : Eu acho que a pena de morte para certos crimes deve ser

obrigatório. Para que crimes ? Assassinato de crianças , assassinando pessoas

com idade inferior a 16 , er, fogo posto com a intenção de perigo, incêndio criminoso de sua

Majestade propriedade , incêndio, como incêndio criminoso , em qualquer lugar onde a Coroa do

a ameaça ... Se eu fosse [ser in] Portsmouth e tentar atear fogo a um

de fragatas de Sua Majestade que eu deveria ser pendurado para ele. Porque é fogo posto

de docas de Sua Majestade.

Acho que a coisa que você disse que me surpreende mais é a coisa

sobre " as pessoas devem ser executados por incêndio criminoso de sua Majestade

propriedade " . Isso faz parecer como se, se alguém está na prisão e

eles atearam fogo em um dos cestos de resíduos de papel , é Sua Majestade

prisão ... Isso não é criminoso. Quero dizer, como conjunto de fogo para , como tentar definir

fogo para, digamos, o Palácio de Kensington , incendiaram o Palácio de Buckingham ,

Clarence House, Castelo de Glamis . Por que fazer a diferença , se é

um desses palácios ao invés de apenas um bloco de apartamentos ? Porque é

propriedade da Rainha, propriedade da rainha . O que é especial sobre o

Queen? É a maneira que eu fui educado , respeite a Crown, respirar a

uniforme, respeitar a família real. Se eu disser que não estou tão interessado em

respeitando a família real , você pode me dar uma boa razão para que eu

deveria? Onde você estaria sem eles? .. Eu diria a você, você tem que

olhar para ele, sem a Rainha você não vai ter uma maneira decente de

vivendo ... Eu olho para ela , quero dizer, do jeito que eu fui criado, a Rainha,

como posso colocá-lo , a Rainha é a número um pessoa, você sabe o que eu

Quer dizer, depois de si mesmo. Você sabe o que quero dizer , você tem a si mesmo, e então você deve respeitar a monarquia , pois os aspectos monarquia

você ... [A] exemplo é o príncipe Charles. Ele está envolvido em

conservação , ele é envolvido em arte ... Ele não é como , apesar de ele ser

real, ele vai levar tempo para sentar, conversar com você, e provavelmente entende

é melhor do que você mesmo , provavelmente. Eu não tenho certeza se eu acredito que ele

me entende melhor do que eu mesmo faço, mas .. Mas ele tem mais

experiência ... eu não sei , é apenas a maneira que eu sido criado .

(NICHOLSON 5, 6.)

Esta deferência à autoridade , às vezes combinada com idéias sobre

lealdade para com o seu próprio país. O resultado foi um "certo ou o meu país

crença errada " em obediência incondicional às exigências do patriotismo.

Algumas pessoas dizem que um dos problemas com o exército é que você tem que

obedecer às ordens , às vezes você matar pessoas, se há uma guerra , e pode

não ser direito de fazer isso sempre . O.A : Para defender o seu país , sim, muito

direito que é. Na guerra, é certo? Sim, claro que é. Você não é

apenas defendendo a sua pátria , você está defendendo as mulheres , o

crianças , pessoas nele. Você está defendendo o seu direito de ser livre. ele

leva dois lados para fazer uma guerra, e um lado está a defender ea outra

lado está atacando . Você pode sempre contar com o nosso lado a ser os que

estão defendendo ? Se você é britânico , você representa a Grã-Bretanha , se é

certo ou errado. Você faz parte desse país. Se a Grã-Bretanha diz: " Certo,

Estou em guerra com este grupo " , você não discutir. Você acabou de dizer , "Fair

suficiente "e" Vamos fazer o que temos que fazer. "

(Addison 5 .)

JUSTIÇA igualdade como primitivo.

Outra fonte de crenças morais que não dependem de simpatia é o

senso de justiça . Uma versão deste é a preocupação é com igual

tratamento . A maioria dos pais sabe a paixão profunda desigualdade que desperta

em crianças . Em uma idade muito jovem, o que poderia ser chamado de " primitivo

igualdade "parece profundamente enraizada . Qualquer um que tem três filhos e

três pedaços de bolo , e que os distribui de forma alguma que não seja

o óbvio , logo se depara com a paixão sobre o assunto.

Em uma série de entrevistas, o forte apoio para a igualdade de tratamento

pareceu relacionado com esta igualdade primitiva . É impressionante que um

referência remetem a infância, quando uma criança foi dada bolso

dinheiro e não foi.

NB: a injustiça pode ser , um, minha mãe me deu dinheiro de bolso , mas não o meu

irmã. Isso é injustiça também. Então a justiça é tratar as pessoas da

mesmo ? Sim, a ser tratados de forma igual para a outra pessoa ... Então eu lhe daria

£ 1,50 e eu daria a outra pessoa £ 1,50 por isso é igual , por isso é justo.

Ele não está recebendo mais do que você .

(BLACK 10.)

JUSTIÇA QUE AS PESSOAS MERECEM , e retribuição .

Uma versão de justiça é o que as pessoas merecem : que as pessoas

deve ser recompensado ou punido , responsabilizado ou elogiado, de acordo com o que

eles optaram por fazer. A profunda injustiça do castigo imerecido

foi um tema em várias entrevistas .

O que é a justiça eo que é injustiça ? N.B : Injustiça é como quando

alguém é culpado por algo que eles não têm realmente feito. Estive

responsabilizado por coisas que eu realmente não tenho feito e isso é injustiça ,

Houve também um forte sentimento de injustiça quando os outros não tinha dado

-lhes o apoio e lealdade que eles achavam que merecia.

Você acha que você vai ver nada de sua família, ou eles são realmente

fora de cogitação ? Q.A : Bem , eu tenho somente uma irmã à esquerda. Eu estava em

tocar com minha esposa no ano passado , porque o meu filho morreu . Acho que a última

vez que ouço de minha esposa foi há 16 anos , e levou meu filho para morrer

para ela estar em contato comigo . Fui para casa para vê-la para o dia

após o funeral. Um par de meses depois voltamos para casa . o pessoal

me levou para visitar a minha esposa para o dia e eu e minha esposa foi até

a sepultura. Então voltamos para o apartamento e ela disse: "Eu tenho todo o

pintura e papel de parede e tudo o que dentro de casa pronto para quando você vem

casa " . Eu disse: " Eu não estou indo para casa " . Depois de 16 anos , ela não tem sido

em contato comigo e porque o meu filho morreu e ela está sozinha agora, ela

queria -me de volta . Depois de 16 anos, quando eu fui trancado . Isso não é

justo.

(ASH 7, 8).

A importância do que as pessoas merecem não era apenas algo que

surgiu no contexto de culpa imerecida ou abandono em sua

vidas próprias . Ele formou uma grande parte do seu pensamento sobre mais público

assuntos. Por exemplo, um sugeriu que , enquanto os assassinatos por parte da

Gêmeos Kray não foram justificadas , foram pelo menos atenuado pela

pensei que as suas vítimas poderia ter conseguido o que eles mereciam.

J.F : Os Krays só matou a sua própria . Eles não mataram inocentes

pessoas. Eu vejo. Quem é que eles matam ? Eles mataram Jack " The Hat " McVitie

e George Cornell. George Cornell estava com os Richardsons . o

Richardsons usado para torturar as pessoas e George Cornell estava sempre

gritando a boca fora sobre Ronnie Kray , chamando-o de gordura e poof

isso e este negócio , dizendo como ele não estava com medo dos Krays e

que eles são ponces e gritando a boca fora . E ele trabalhou com o

Richardson e ele era um bandido mesmo. Então Ronnie Kray atirou nele

da cabeça. Ele estava apenas matando outro gangster . E Jack " The Hat "

McVitie - ele deveria estar com os Krays mas ele sempre foi

gritando a boca fora de que ele estava indo para obter os Krays ... Ele empurrou um

mulher para fora do carro e teve sua espinha quebrou e ela não podia andar

novamente e os Krays tinha que cuidar dela. Eles deram o dinheiro para que ela

poderia ficar bem financeiramente , e isso Jack " The Hat " McVitie foi

causando nada além de problemas . Ele estava fazendo as Krays sem dinheiro e

ele estava gritando a boca fora . Então Reggie matou. Ele esfaqueou a

morte . Isso faz tudo certo para matá-lo ? Não torná-lo

direito , não, mas ele só matou pessoas erradas. Ele não matou inocentes

pessoas. E as pessoas que matam pessoas inocentes ? O que você faz

acha que deve acontecer ? Isso é ruim. Eu acho que eles devem ser pendurados .

(CAEM 4-5.)

Houve um grande apoio para a pena capital.

Por que devemos pensar que tudo bem para matar alguém , porque eles têm

cometeu esses crimes ? L.N : Porque é desumano para fazer certo

coisas assim. Eu olho para ela como , esta é uma das minhas opiniões ,

qualquer um que pode prejudicar uma criança ... não merece viver . Isso é apenas minha

opinião, do jeito que eu fui criada. Quero dizer, se você machucar uma criança ,

-boom - você sabe o que quero dizer , não é punir uma criança e , em seguida, lá só vai sair do seu caminho para machucar uma criança. Isso está fora de

ordem. Algumas pessoas dizem que dois erros não fazem um acerto . Isso é

terrível para matar uma criança , mas também é terrível para matar a pessoa

que matou o filho? Você não concorda com isso? É apenas a maneira

Trouxe -me para cima , realmente , você sabe o que quero dizer . Mesmo que eu sou

uma católica devota , eu ainda acho que a pedofilia é o pior crime na

mundo , e existe apenas uma frase para ele - morte ...

(Nicholson, 5 ou 6.)

Às vezes, as razões que suportam eram notavelmente superficial, mas esta

pode ser combinado com um forte sentido de a injustiça da inocente

pessoas que estão sendo executados.

NB : Eu acho que os infratores graves devem ser executados. Por que você acha

isso? Hum, eu só olhar para a Inglaterra. Não há espaços , há prisioneiros

em todos os lugares , há criminosos que penduram ao redor e aquilo, e eu acho

que, se houve execução então, mais a execução do que o normal , eu acho que

seria um mundo mais silenciosos para se viver Algumas pessoas dizem que uma das

os problemas com a execução de pessoas é que as pessoas que são inocentes

por vezes erradamente se condenado. Sim, eu acho que , OK , sim, eu acho que

então a lei deve se certificar de que você tem 100% à prova antes da execução.

Sim, mas você não pode sempre obter 100% à prova . Não, você não pode.

Algumas pessoas diriam : "Bem, se ele iria reduzir enormemente o assassinato

taxa , não importa se algumas pessoas são executadas porque menos pessoas morrem

em geral " . Você diria que é certo ou que você acha que está errado ? Eu

acho que isso é errado . Por quê? Porque eles estão apenas matando pessoas inocentes.

Então, eles acabam sendo assassinos próprios . Então é injusto? É.

(BLACK 10.)

Às vezes, idéias sobre o que fez alguém merece execução foram ligados

com uma rede de outros distintos pontos de vista morais .

OA: se um homem mata um homem, então , tanto quanto eu estou preocupado , isso é

aceitável , porque um homem pode se defender . Se alguém ataca um

homem de frente, ou dois homens têm uma briga e um deles morre ,

alguém bate nele e ele cai e morre , isso é aceitável porque

eles tiveram uma briga e, acidentalmente, alguém morreu . Se você sair

com a intenção de matar alguém, então você deve perder a sua vida.

Se você matar uma criança você deve perder a sua vida.

(Addison 8 .)

Às vezes, embora raramente , o apoio à pena de morte estava ligada a

remorso sobre o passado da própria pessoa e simpatia por suas vítimas.

Algumas pessoas pensam que é errado ter a pena capital. O que você faz

acha? GQ : Em alguns casos , sim , e, em alguns casos , não . que casos

seria " sim" ? Houve pessoas inocentes presidido -elétrico ea

um culpado foi encontrado mais tarde. Em estupro deve haver vidoeiro de repasse

eles o vidoeiro, ou gato de - nove -rabos - no caso de estuprar . no

caso de agressão sexual em crianças, o mesmo e eles devem ser

castrados . No caso de , na verdade, o assassinato , eu concordaria com enforcamento.

Eu matei o dobro de duas pessoas , e eu nunca esquecerei. Eu fiz não só

feri-los. Eu machuquei sua família mentalmente , não fisicamente, mas mentalmente ,

e seus entes queridos .

(ASH 5 .)

Um forte compromisso com a retribuição e deserto poderia levar as pessoas em diferentes direções . A preocupação com a execução de inocentes

pessoas levou um entrevistado para rejeitar a pena de morte , embora ele

Também pensei que, quando alguém merecia punição , uma privada

resposta violenta poderia ser justificada.

LF : Digamos que você tem alguém que é ... espancar e burgling , espancando

velhas e levando todo o seu dinheiro . A polícia não tem o suficiente

provas para a condenação e que está sentado lá dirigindo estes agradável

motores e jogando todo esse dinheiro volta e coisas assim , e

então , eu não compun ... nenhuma culpa sobre , er , levando o dinheiro fora dele ou

roubar fora dele , ou o que , mentindo para ele ou , você sabe o que quero dizer ,

ou atacá-lo ...

Você acha que deve haver pena de morte? Não. Por que não? bem,

depende. Se você admitir isso e é definitivamente certo que eles fizeram

ele, então , talvez, mas você sempre tem esses casos de pessoas inocentes ...

Sim, para que você não iria executar as pessoas, porque eles podem ser inocente?

Não, eu não, não, provavelmente não , não.

(Farleigh 4, 10).

PADRÕES .

Três temas se destacam : superficialidade moral , o domínio do

auto- interesse sobre a preocupação imaginativo para os outros, e uma moral

enfatizando a justiça e os direitos , mas mais uma vez com as suas raízes não em

empatia pelos outros . (Estas são as impressões dominantes , mas tenho

comentários citados por pessoas particulares que vão contra cada um deles

generalizações.)

A superficialidade é óbvio na banalidade de algumas das propostas ensinamento moral sobre deixar as mulheres através da porta em primeiro lugar, ou jurando

ser tão ruim quanto o bullying. Onde foram dadas quaisquer razões , eles mostraram

poucos sinais de reflexão ou de qualquer noção do que realmente importava

para outras pessoas. O domínio do auto- interesse é evidente no

bem-vindo dado ao anel de Giges , desde que funcione. estes dois

fatores em conjunto pode sugerir um grupo de amorais , que não têm

concepção real do que a moral está em causa.

Mas esta imagem da paisagem plana é amoral , no máximo, uma meia-verdade .

O que vai de encontro é o afloramento altamente visível de conceitos morais

agrupados em torno de idéias de justiça e que as pessoas merecem. É um

paisagem moral , mas um estreito e difícil . Em alguns apenas dos homens

entrevistados, crenças sobre direitos e igualdade surgiu de uma preocupação

para outras pessoas serem capazes de viver suas próprias vidas , ou fora do

imaginando como as pessoas com deficiência se sentem quando seus direitos são pisoteados.

Para a maioria deles , a preocupação imaginativo para os outros não era central. o

ênfase na igualdade primitiva e no que as pessoas merecem parecia

vir bastante imediatamente reações viscerais , não mediada por muito pensamento

sobre eles. As idéias de que as pessoas merecem foram muitas vezes ligada a

seus próprios sentimentos de ser injustiçada na negou a lealdade

eles achavam que merecia ou culpado por coisas que não tinha feito. em

a maior parte do grupo , esta constelação de ideias parecia largamente

independente de empatia ou simpatia.

Mais uma vez, a superficialidade é impressionante . Isto vem na importância

anexado a propriedade da Rainha e na crença na aceitabilidade de

" Atacando um homem de frente ." Ele sai em ver alguém

causando problemas e " gritando boca off" como sendo um grave

mitigação da incorreção de seu assassinato. Ele sai em dar como

razão para apoiar a pena de morte que " basta olhar para a Inglaterra.

Não há espaços , há prisioneiros em todos os lugares , há criminosos

por aí ... " . Tudo isto tem a mesma trivialidade como deixar as mulheres

pela porta primeiro e crença no grave erro da

jurando . Alguns dos superficialidade pode vir de ser levantada com

uma moralidade de comando, que não se trata de imaginar como as pessoas se sentem . nem

ela se desenvolve reflexão cuidadosa . Em vez disso, ela encoraja uma

abordagem , por exemplo, para a moralidade da guerra, de imediato e

obediência acrítica : " Se a Grã-Bretanha diz:" Eu estou em guerra com este grupo " ,

você não discute . Você acabou de dizer: " Tudo bem. " ".

CAPÍTULO TRÊS: INFÂNCIA E DEPOIS .

Ao entrevistar as pessoas , eu não instituir seus crimes ou

suas infâncias . Mas muitas vezes eles levantaram um ou ambos destes tópicos .

Tornou-se claro que muitos deles viram uma forte ligação entre o

dois. Começou a parecer importante para olhar mais de perto para o seu

sentido de que suas ações violentas foram ligados a um desastroso

infância.

REJEIÇÃO 1. Infância.

LF : Bem, eu sabia que era errado , um, mas havia muita , eu não sou

tipo de mitigação , mas , eu ia casar no dia seguinte e ... é um

longa história de verdade. Sempre que as coisas estão indo bem , eu meio que sempre ,

muck 'em up , bagunça ' em up . Você quer me dizer como aconteceu, ou

não ? Bem, eu tinha que ir e pegar minha roupa , e havia coisas diferentes tivemos que pagar. Namorada estava acontecendo sobre o que eo

outros e que nós , o que precisava ser pago , dinheiro, contas, e não

apenas contas, mas como para o casamento e que . E eu fui para fora e eu

feito um assalto e quando eu estava lá eu vi todas essas fotos, tudo

estas famílias felizes você conhece , e um, quebrou o lugar e definir

fogo. Foi as fotos das famílias felizes que desencadearam

isso? Er , sim, eu acho que sim. Isso foi porque você sentiu que não tinha

tinha uma família feliz? Bem, eu sei que eu não tive uma família feliz. Mas é

apenas toda a minha vida tudo está sempre errado , ele só se sente , bem

este é apenas como é. Mas quando as coisas estão indo bem, eu só sei

que as coisas estão indo só para ir .. "

(Farleigh 6.)

O projeto continuou a ser sobre a moralidade e os valores da

pessoas entrevistadas , mas assumiu uma dimensão extra. Como teve seu

infâncias em forma o que se preocupava , e como , por sua vez fez isso

moldar contribuir para a sua violência anti-social ?

Muitos deles descrito infâncias em que foram mostrados pouco amor.

Por que você não quer estar em casa? O.A : Porque eu não era amada . lá

Eram nove de nós na família e havia apenas a minha mãe . Minha mãe

não poderia dar amor para todos nós e eu fui deixado de fora. Não de propósito , mas

Eu senti que eu estava e eu senti indesejada , mas eu sempre queria estar com a minha mãe

porque é onde a criança deve ser. Então, eu estava sempre querendo ser

com ela, mas quando eu estava com ela, eu não era amada . Então, eu não queria

estar com ela quando eu tinha , e quando eu não era eu.

(Addison 3.)

Às vezes, suas famílias eram violentos . Às vezes, eles foram trazidos

por pais que os punidos severamente . Muitas vezes, eles eram fisicamente ou

abusada emocionalmente. O tema comum foi a rejeição emocional.

IQ: Eu fui criado até que eu tinha sete anos em uma família muito violenta. Sim ,

onde foram utilizadas armas e coisas assim ... [minha mãe] era

indiferente , realmente, você sabe, era uma relação muito volátil ... I

lembre-se muitas vezes a polícia foi chamada para detê-la Suponho que

você chamaria agora disputas domésticas e tal como aquele , mas não havia

alguma violência extremas de tempos em tempos , você sabe. Houve um

faca usada em uma ocasião, uma faca , uma bandeja , o velho aço

bandejas. Ela colarinho meu velho com uma bandeja e atirou copos e sobre

coisas assim , e por isso o que eu faria quando a situação aconteceu, eu

costumava ter duas ou três rotas de fuga e usar um deles muito.

(Questor , 4, 5).

II: Então, uma das poucas ocasiões com minha mãe , e estar em casa com

meus irmãos mais velhos , eu era geralmente punido por ter feito algo errado . Eu

nunca foi realmente dado qualquer incentivo ou um abraço para fazer qualquer coisa

certo ... Nós não tinha permissão para brincar no jardim , mas se ele nunca veio

em casa do trabalho e fomos (e , obviamente , isso é apenas me pensar

que é me coloca-lo no pescoço o tempo todo), mas eu costumava ser

apontados , como se eu fosse de alguma forma responsável pelo jogo de futebol em

o quintal, e seria me que seriam penalizados - ter que ir para

cama cedo , medida punitiva de represálias. É usado para incutir medo

medo em mim .

(IBBOTT 2 , 3 .)

LJ : Eu fui abusada, sexualmente e fisicamente abusado, constantemente. e eu

estava no hospital por 11 anos com a pólio e eles só vieram ver

me uma vez.

(JACKSON 3.)

ROTAS da rejeição à violência.

Como eles descreveram sua violência a partir do interior , o que eles disseram

sugeriu duas maneiras diferentes em que suas infâncias desastrosas

pode estar ligado a ele. Uma rota que remontam à sua infância

a criação de necessidades , desejos e estados emocionais tão fortes como a

sobrecarregar ou interesse próprio ou as restrições morais . a outra

veria sua rejeição infância como nanismo o crescimento da

moral apoios si.

Olhando primeiro para a esmagadora do interesse próprio e da moral

restrições , duas contas causais sugeridos emergiu. Uma delas é que eles

respondeu a rejeição infância com raiva, que encontrou expressão em

violência. A outra é que a sua experiência de infância deixou-os com

necessidades emocionais não satisfeitas , que eles tentaram satisfazer através de seus pares

grupo ao vencer o reconhecimento por sua resistência e violência. Se a

qualquer grau de terem sido capazes de desenvolver as respostas humanas de

simpatia e respeito , estes não foram suficientes para proteger suas vítimas.

Tais recursos morais , como haviam ficaram impressionados com a força de

sua raiva e da sua fome de reconhecimento.

Suas contas também sugeriu que algumas respostas a infância

rejeição inibiu o desenvolvimento das restrições morais

si . Uma resposta foi para crescer uma concha defensiva , parte do qual

Foi uma fuga deliberada de simpatia para com os outros. Outro resultado da

a forma como eles foram tratados foi que alguns foram para se sentir culpado.

Isto, juntamente com a falta de reconhecimento , não ajudá-los a

desenvolver um bom senso de sua própria identidade e valor.

. 2 esmagadora das restrições morais : raiva e necessidades emocionais.

RAIVA .

O mais simples rota causal da rejeição infância à violência vai

através da raiva . Uma demanda com raiva de atenção poderia ser expresso em

própria infância.

IQ: E por isso não foi mostrado nenhum afeto, e ele realmente tem que me

porque o primeiro dia em que foi levado para a escola com a minha mãe, e então

depois que ela realmente me deixou para voltar para casa e aquilo. E eu não podia

entender por que todos os outros pais estavam chegando e pegando a sua

crianças até ... Porque eu não ter pego ? .. É isso que eu deve ter sentido ,

porque eu costumava fazer, em uma ocasião, eu quebrou todas as garrafas de leite para

chamar a atenção de todas aquelas outras pessoas.

(Questor 17.)

A necessidade semelhante , por vezes, por trás da raiva mais tarde na vida e muitas vezes

foi generalizado além daqueles que originalmente causou.

Será que você tem um tipo de raiva que você estava saindo ? N.B : Hum , sim. Porquê

você estava com raiva? Hum, porque eu me senti ignorada, eu me sentia solitário.

(BLACK 12.)

OA : Eu não costumava me sentir culpado , porque eu tinha muito ódio dentro

que eu me sinta culpado, contra ninguém. Contra todos? Contra todos.

Mesmo as pessoas que não fizeram nada ? Mesmo contra as pessoas que não têm fez nada para mim, sim . Por que você acha que foi ? Porque eles tinham

o que eu queria e eu não tê-lo , assim que eu estava me sentindo raiva porque

eles tinham.

(Addison 4 .)

Às vezes, as suas contas sugeriu que , em suas mentes , as vítimas de

sua violência adulto estavam na para aqueles que os haviam abusado.

LJ : Meus efeitos sobre outras pessoas deve ter sido terrível . Do meu

crime. Estou em por estupro . Sim. ... Eu já fiz um monte de trabalho pesado em

grupos . E a única conclusão que posso vir a naquela época era que

o cara era meu irmão ea mulher era a minha mãe . Porque naquele dia eu

dirigia -se para casa dos meus pais , porque eu ia matar

los . E é aí que a minha cabeça estava. Eu estava apenas indo para eliminá-los

todos juntos. Eu pensei que a raiva pode ir embora depois ...

Você se importava naqueles dias em ferir as pessoas ou não verdade? Oh,

sim, eu me importava , sim. Ela costumava me machucou muito a mim mesmo, quando eu tinha um

bom relacionamento vai e se separaram. Eu me amaldiçoar ainda mais

porque era baixo para mim. Nunca foi para o meu parceiro. foi

sempre para baixo para mim ... Então você se importava com as outras pessoas e como eles

sentiu ? Claro que sim , sim. Mas a raiva às vezes apenas superou

isso? Ele fez, ele fez, ele assumiu. Levou mais , você sabe. foi

ela, ela simplesmente não me deixa em paz . Sua mãe? Minha mãe, ela

simplesmente não me deixava em paz , de uma forma ou de outra. E eu não podia, como

Eu disse , eu não podia falar com as pessoas sobre isso. Eu carreguei isso o tempo todo .

Este foi o abuso sexual? Sim, o abuso sexual. Mesmo quando eu não estava em casa,

quando saí de casa e fui para Londres para viver, ela estava lá às vezes. Eu poderia estar em um relacionamento e passando por , talvez, um

remendo difícil , o que seria 9 tempo de 10 até a minha culpa. e

seria sua , você sabe. Ela estaria em sua mente ? Ela estaria na minha cabeça.

Dizendo que eu era podre , eu deveria me matar , e eu não mereço

viver e tudo o resto e esse tipo de coisas ... Quando você - você

não tem que responder a todas as perguntas, se você não quer , mas quando você -

estuprado uma pessoa era que a raiva , ou foi .. Foi raiva. Era raiva.

A raiva contra sua mãe ou raiva contra ... ? Sim, a raiva contra , ele

Foi a minha mãe e meu irmão, na minha cabeça naquela noite.

(JACKSON 10 , 11 .)

Necessidades emocionais e privação.

Na ética e na filosofia política , há uma vertente de pensamento

que diz que as necessidades humanas deve ser dada prioridade sobre satisfatório

outros desejos . A alegação é que fazer as pessoas bem-off melhor

deve tomar o segundo lugar de eliminar a pobreza das pessoas que não têm

abrigo, o suficiente para comer , água potável ou cuidados básicos de saúde . o

visão tem um apelo óbvio, mas foram levantadas questões sobre como

traçar a linha entre as necessidades e outras coisas que as pessoas querem. o

ponto é às vezes feita de que algo é necessário para algo mais: um

casa é necessária para , entre outras coisas , a protecção contra o

elementos e talvez contra predadores . Uma conta as necessidades que

deve ter prioridade é que eles são para as coisas, como comida e um pouco de saúde

cuidado, necessário simplesmente para se manter vivo . Outros querem uma mais generosa

conta as necessidades humanas , incluindo sobre os itens da lista que , apesar de não

essencial para manter-se vivo , são necessários para uma vida boa ou florescente.

Isso também tem um apelo , mas o custo pode ser a indefinição da linha

entre o que as pessoas precisam eo que eles só querem .

Talvez algum esbatimento da fronteira é uma conseqüência inevitável da

a visão mais abrangente de necessidades. Mas uma infância de violência e

rejeição, como visto por aqueles que experimentaram , é importante aqui. como

vimos, o pequeno grupo entrevistado incluído tantos cujo passado

foi assim. Não era o único filho da família deixou de fora porque

não houve amor suficiente para todos , o único menino nunca recebidos

da escola e que esmagou as garrafas de leite , o que nunca deu uma

abraço , mas muitas vezes injustamente punidos, o abusado constantemente fisicamente

e sexualmente e visitou uma vez em 11 anos no hospital, o que

tinha rotas de fuga da violência familiar com a bandeja de aço ea

escultura faca, e aquele cuja mãe estava em sua cabeça dizendo que ele era

podre e deve matar. É difícil evitar o pensamento de que

há necessidades emocionais humanos, bem como as físicas . para alguns

entrevistados, essas necessidades foram satisfeitas , e isso contribuiu para o

violência. Eles enunciado algumas das necessidades .

A necessidade de ser alguém.

Muitas vezes, a rejeição e humilhação gerou uma necessidade de reconhecimento

e respeito, uma necessidade que prontamente encontrou expressão em violência.

Às vezes, a raiva seria combinar com isso.

QA : com a raiva, com a forma como arrogante que eu costumava ser , com a cerveja -it

ferveu e ferveu e eu era como um animal. Pessoas foi

medo de mim e eu adorava isso. Eu adorei. Por que você ama esse ?

Eu não sei. Foi estúpido . Era uma espécie de reconhecimento , respeito ?

As pessoas costumavam ir " Oi , Quinn ." Eu costumava ser notado. " Oi , Quinn. " "Tudo direito , Quinn? " " Tome uma bebida , Quinn. "

(ASH 9.)

Embora minha pergunta corriam juntos reconhecimento e respeito , eles são vale a pena distinguir . (Referência à SIMONE Bateman.) Talvez, da dois , o reconhecimento é a necessidade de mais base. Respeito tem a ver com ter seu status ou valor reconhecido. Mas QA aqui expressa a necessidade de algo mais básico do que o reconhecimento: a pedir para ter um beber , simplesmente ser notado em tudo , em vez de ser analisado através de se inexistente. Um dos outros entrevistados começa começa sobre o status e honra, mas , quando eu pergunto sobre o respeito , ele me corrige e enfatiza o reconhecimento , a necessidade de haver uma outra , em vez de um ninguém :

IQ: Quer dizer, eu , que era uma coisa grande bravata, porque eu tinha feito um monte de assaltos à mão armada e que nunca foi pego. Portanto, não havia muito dinheiro sobre e carros velozes e que , e eu estava vivendo , você poderia dizer , extremamente na pista rápida , muito rápido. E eu senti as pessoas estavam olhando até me ... [Falando de quando era mais jovem] E eu tinha um monte de coisas violentas feitas para mim , como iniciação à Teddy Boys significava que você tinha que ter as pernas cortadas e as coisas aconteceram com facas e outras coisas assim ... Mas, para mim , que era bravata, que era como medalhas de honra ... Você está dizendo que você queria respeito. É isso mesmo? Não tanto respeito, mas eu queria o reconhecimento. É. Acho que eu senti , pensando nisso , eu senti que eu era um ninguém, mas estar com essas pessoas, eu era alguém.

(Questor 14, 17).

Outros precisava estar no centro das coisas e não no

margens , e para ser bem conhecido ou ter um poderoso reputação.

II: I assaltada químicos a partir de uma idade precoce (pouco menos de 16) para muitos

anos com bastante sucesso . Eu não tinha dúvidas de que o comprou , onde eu

pegou ... Então , todos aqueles anos atrás , eu me senti bem por ser capaz de andar

na casa de alguém ea coisa toda iria girar em torno de mim e dois

shillings para este e ele me deu um senso de identidade . Fiquei bastante

bem conhecido na área . Você sentiu que precisava de um sentido de identidade ?

Você sente que você gostou ? Bem , eu não me lembro de uma prévia

para isso.

(IBBOTT 3 .)

OA : Eu costumava ir a casas noturnas em busca de lutas, procurando

as pessoas a lutar para melhorar a minha reputação. Eu costumava ir à procura de

pessoas que tinham reputação , para tomar a sua reputação longe deles e

adicioná-lo ao meu ... Eu não costumava ter um monte de sono porque eu estava em

acelerar mas construiu uma reputação por mim mesmo. Se houvesse uma luta,

vir e me pegar ... essa reputação foi agradável? Sim, era necessário

para mim na hora de ter essa reputação. Por que foi necessário ?

Como o estilo de vida que eu estava levando. Eu não podia dar ao luxo de ficar

pisado . Eu não podia pagar as pessoas a pensar que eles poderiam tomar o P

fora de mim , então eu tinha essa reputação e não as pessoas fizeram. As pessoas tentaram , mas

Eu usei para destruí-los , para que as pessoas não tentou no final, porque

eles sabem o que iria acontecer . Então, eu tinha uma reputação .

(Addison 9-10 .)

Às vezes, a necessidade de respeito se funde com a necessidade de fazer alguma coisa que é vantajoso do ponto de vista da pessoa que se e

a importância de contribuir com algo para os outros :

O que você gostaria sobre a vida de um médico? N.B : Hum, você pode ajudar

pessoas , se respeitado. Você tem um título. Olá, Dr. Fulano . você

se sentir importante e as pessoas vêem você como , isso é um médico, eu preciso de alguma

ajudar , vamos ver o Dr. XXXX . Você sente que o respeito é algo

você é um curta de pouco ? Hum, eu , sim. Eu me sinto como se eu não sou

importante o suficiente para alguém ou alguma coisa , e eu estou só, eu acho que é

devido à forma como os meus pais me tratou como uma criança. Quando uma criança

cresce pensando que eles estão [não permitido? Verificar] para contar para

suficiente, ele , eles vão em torno de busca de atenção , que é o que eu fiz, eu

atenção - seeked ... Eu gostaria de ser um médico, não só por causa disso

mas porque , hum, eu sempre gostei da idéia de ser um enfermeiro , cirurgião,

médico , trabalhando em serviços de urgência . É ajudar as pessoas. É uma

bom trabalho forte para estar dentro É bom salário , você conhecer pessoas diferentes ,

você está ajudando as pessoas , e você sente como se você tivesse conseguido

alguma coisa no final do dia, quando você voltar para casa. Você sabe que você fez

um árduo dia de trabalho, e você conseguiu alguma coisa. Você ajudou

alguém.

(BLACK 6.)

A necessidade de ser necessária e desejada .

Assim como a necessidade de ser notado e para ser olhado até , as pessoas precisam

laços com os outros . Às vezes, isso é apenas uma questão de ter um grupo

que dá uma sensação de aceitação e de pertença.

Eu estava interessado no que você disse, se você não foi para a prisão , você nunca viveu ... OA: Blacks girar em grupos. A maioria dos homens brancos

não. A maioria dos homens brancos ir com um ou dois companheiros e depois não aderem

juntos , mas os negros fazem. Quando você estiver na prisão, é diferente. você

ficar juntos. Você encontra pessoas de sua área, você ir para a academia com

los, você vai comer com eles , você vai se comunicar com eles . você é

ao seu redor o tempo todo. Há um vínculo lá, porque você vem

a mesma área ... então você se tornar bons amigos. Mais do que isso . você se torna

- Eu não sei qual é a palavra , mas você se tornar almas gêmeas ... eu nunca fui

para o exército. Eu sempre quis . Mas eu suponho que é assim ... Por que

se você quer ser no exército ? Eu sempre fui ... Eu sempre quis

ir para o exército, porque eu senti que era algo que eu queria fazer. ele

era uma profissão . Era mais do que isso. Era como se juntar a uma gangue , eu

suponho.

(Addison 5 .)

Mas a aceitação e de pertença são apenas parte da história. Há um

precisa de algo mais quente : a ser necessária e desejada .

OA: No momento em que eu sair o meu mais velho ou meu mais velho , vai ser 18 , então

eles podem tomar suas próprias decisões sobre o que eles querem fazer. quando o meu

crianças tornam-se 18 , se querem me conhecer ou não, cabe a eles.

É sua decisão. Eu não vou empurrá-lo sobre eles. Eu adoraria vê-los

mas eles são adultos. Eles têm mantido em contato com você ? Não só o

mais antiga . Mas é então até eles. É a vida. Se eles querem

saber de mim, tudo bem. Eles têm que viver a sua vida em seu caminho e

Eu não quero ser - se dizer : " Oh wow ! Temos que ir e ver

Dad " . Eu não quero isso. Eu quero que eles dizem: "Eu quero ir e ver o meu pai " . Mas você iria gostar muito se eles fizeram ? Sim, eu o faria. Sim ,

Eu o faria.

(Addison 10 .)

Quando você olhar para trás na pessoa que era antes, o que você acha

você tinha desaparecido? I.Q : Eu acho que a coisa mais importante é que seja necessário . necessidade

para mim, não para o que eu era. Quer dizer, eu fui no pub, se eu tivesse um

muito dinheiro, as pessoas precisavam de mim. Ou eu pensava que eles fizeram, mas não foi

o caso .

(Questor 14.)

3. Nanismo O CRESCIMENTO DA SIMPATIA .

Rejeição Infância necessidades que oprimiram o moral criado

restrições . Mas as entrevistas também sugeriu que tinha atrofiado o

crescimento das próprias restrições morais . O crescimento da simpatia é

ligada a estar aberto para o outro: sendo responsivo a eles e como

eles se sentem. Isto pode ser obstruído se a resposta à rejeição é um

shell de defesa contra ser ferido por outros. E , mesmo quando a

capacidade de simpatia tem desenvolvido , o ressentimento sobre a rejeição e

outro dói pode levar a simpatia pelos outros sendo deliberadamente

desligada.

O medo da rejeição e da parede defensiva .

Alguns dos entrevistados relataram ter ficado para trás defensiva

barreiras por causa de um medo de ser rejeitado ou ridicularizado .

Estou muito grato a você por me dizer tanta coisa sobre si mesmo,

sobre como você pensa sobre as coisas. Q.A : Bem, eu não podia anos atrás, e

Eu não anos. Eu estava em um shell e eu não iria sair dessa

shell ... Por que você acha que você ficou em uma concha ? Bem, eu pensei que , se

Eu sair e floresceu , todo mundo teria pensado que eu estava sendo

engraçado ou algo assim.

(ASH 9-10 .)

É uma estratégia preventiva que se recusa a proximidade emocional ,

rejeitando outras pessoas em primeiro lugar antes que possam prejudicá-lo novamente com mais

rejeição.

I.Q : Ridículo vem nele também. Eu tenho um monte de ridículo quando eu

foi uma criança ... Como é possível , eu não sei, mas eu virei a partir de um

extremamente silencioso pessoa plácido , pessoa assustada , a um extremamente

pessoa violenta . Você sabe . Foi que ligava ao ridículo , foi ele escapar

do ridículo ? Sim, sim, 'cos , quando eu , depois que eu fui atacado , eu

pensei é isso ... Então, realmente era uma espécie de defesa? Oh , sim.

Depois de ter sido ridicularizado, não tendo sido amava muito ? É isso mesmo,

você construir este muro defensivo e você não deixe que ninguém ou nada

nela .

(Questor 15, 16).

Outra versão da mesma estratégia é fazer as coisas que visam

alienar as pessoas , de modo que a proximidade não é oferecido .

II: Eu realmente não tenho me permitido por causa de uma baixa auto-estima para

apreciar eu vou amar qualquer coisa ou deixar que nada fique muito perto de mim em

caso, fere ... Há sempre um risco de rejeição , ser ferido. foi

algo que você influenciou ? Você evitou relacionamentos ou

não ? Passei 25-26 anos em relacionamentos que são muito rasas . Eu tenho

movimentados do país, conhecido pessoas por alguns meses . Um ou dois a - se que eles desenvolveram em mais de um vínculo emocional , eu tenho geralmente

disse alguma coisa ou fez algo absurdo e transformou-os para longe de mim

como um prelúdio para - bem, não chegar muito perto porque eu não quero ser

magoada com você, e eu tenho esperado que por ser estúpido.

(IBBOTT 4, 5).

Às vezes, uma exceção será feita para a estratégia geral de

rejeição preventiva. Uma oferta de abertura, uma rachadura raro na

barreira iniciado na infância , pode levar a uma resposta positiva

indo contra as expectativas pessimistas.

Foi um longo tempo antes que você encontrou pessoas que você fez qualquer emocional

vínculos com ? I.Q : Hum, oh , yeah, yeah , eu quero dizer que eu tinha um monte de

relações . Em um estágio eu tive três relações acontecendo ao mesmo tempo .

Mas eu acho que era para provar a mim mesmo , provar que você sabe que eu era

queria ou precisava de um diploma .... Conheço uma jovem senhora, uma senhora , por

quatro anos aqui e ela seguiu em frente agora ... mas que atingiu as relações e

Fiquei bastante surpreso que você sabe, como aberto eu estava com ela . Quer dizer, eu tenho

nunca discutiu minhas ofensas com ninguém, especialmente os doentes e que ,

e como eu senti a relação foi chegar ao confronto , sentei-me e

disse olha, isso é o que eu fiz , você sabe, eu não estou dando qualquer

desculpas , é assim que é. E eu estava esperando por uma rejeição , e eu

não entendi . Na verdade, é ligado ainda melhor e para o ponto que

realmente ficamos noivos no Natal passado . Você sabe, isso é o quão forte ele

foi . E eu estava muito , penso eu, por toda minha vida você sabe que eu tive um

monte de rejeição em casa, e as coisas, e eu estava esperando a rejeição,

então o que eu costumava fazer , em vez de as pessoas rejeitam mim, eu ia ficar em primeiro lugar.

(Questor 9.)

Empatia, simpatia, COLOCANDO EM FARÓIS INTERMITENTES .

A imagem do psicopata Cleckley clássica, que tem algum defeito

que o torna incapaz de experimentar a vida como um ser humano normal faz,

poderia sugerir uma incapacidade inata de empatia com as vítimas de seu

violência. A imagem não se encaixa na conta dos entrevistados deram

de si mesmos. Eles se vêem como tendo a capacidade de imaginar

os sentimentos de suas vítimas . A raiva ou ressentimento geral contra

outras pessoas levou-os em uma das duas direções. Ou eles estavam cientes

de ferir outras pessoas, mas simplesmente não se importava. Ou, eles evitaram

seu próprio sofrimento possível, o sofrimento causado por eles

deliberadamente apagando consciência .

A resposta do saber, mas não se importando foi descrito abertamente .

Você diz que mudou sua filosofia desde que chegou aqui. I.Q :

Sim, sim . O que era antes? Eu era um ex- motociclista e eu vou ser honesto

com você , eu não dou a mínima para nada nem ninguém. O que eu queria

Eu fui , sod as conseqüências.

(Questor 4 .)

Já uma explicação de por que você tem para a posição de

cometer qualquer que seja ofensa que era? F.L : Acho que foi algo para

ver com quando eu era mais jovem , você sabe. Que tipo de coisa quando era

mais jovem? Quando eu era criança, eu fui atingido sobre e coisas assim. como

tinha que fazer com que você faça tudo o que foi que você fez ? Será que ele faça você

com raiva, ou o quê? Sim, ele me deixou com raiva muito e eu odiava as pessoas muito.

Quando você odiava as pessoas , você provavelmente fez coisas contra eles algumas vezes.

Você sabia como se sentiam a respeito, ou não? Acho que na época eu

realmente não me importo. Você sabia, mas não se importou. É isso mesmo? É.

(Loram 6.)

QA : Eu sempre honesta e realmente acreditava que não importa o que eu disse foi

que a direita não era. Não foi . Eu estava de cabeça grande , não

escute, não se importava. Sod ele. Quando você disse " Sod você " , não é assim

se preocupam - se ferir algumas pessoas, você não se importa? Não, eu não fiz

importo. Por que você acha que foi ? Eu não sei. Porque você se importa

agora , não é? Eu acho que só está sendo arrogante. Eu não estava incomodado . mas

você sabia que eles estavam sendo prejudicados , mas não se importou. Foi isso mesmo?

Isso mesmo , sim. Eu não me importava com as pessoas. Eu costumava ser apenas nascido

sem isso é como eu costumava sentir . Ninguém poderia me machucar. ninguém podia

me toque. Mas eu descobri que eu estava errado.

(ASH 6.)

Às vezes , por ressentimento , saber sobre a dor à sombra em

apontando para ele.

Quando você estava fazendo tudo o que foi que você fez , você sabia que era errado

no momento ou você não se importa com isso? O.A : Não importa, não o fez

importo. Você acha que você estava machucando alguém? Não importa. Não, não

em tudo . Mas você sabia que você estava feri-los e não se importava ? Eu

sabia que eu era , eu sabia que estava , sim. E você não se importa por qual razão?

Tinham me machucar , então eu estava tentando prejudicá-los . Certo, eu entendo

que . Exceto o meu mal era extrema . Eu fui a extremos.

(Addison 4 .)

A outra resposta foi " colocar em antolhos " . Alguns dos entrevistados desenvolveu esta técnica para branco memórias de infância horríveis fora

e também aplicou quando machucar outras pessoas.

LF: Há montes de minha infância eu tenho apagado , quero dizer anos e

anos . Hum, e se eu não quero enfrentar algo , durante um período

de tempo, só não aconteceu . Acho que todos nós fazemos isso em algum grau.

Acho que já contou com ele muito, ou ficou muito bom no que faz , ou ... e eu

suponho que é mais ou menos, eu chegar a uma fase em que eu só colocar em antolhos ,

você sabe , eu só colocar em antolhos ... Eu só percorrer dentro Quando você colocar em

antolhos , não é pensar sobre os resultados, ou ... Yeah . Quando você está

fazendo isso, você se lembra de que tem sido um desastre anteriormente , ou não?

Não, eu não penso sobre isso. É sempre mais tarde , quando eu sentar

objetiva e eu olho para trás .

(Farleigh , 7-8 .)

Uma maneira de não ser incomodado com a consciência da dor que causou foi

desviar o olhar dele.

II: Eu não iria permitir-me a cuidar de dez anos atrás . Então, quando você diz

você não iria permitir-se , você sabia o que era como se estivessem

doer. Você sabia o que sentia , mas você não iria deixar-se

se preocupar com isso? É. Eu rejeitá-lo . Eu me preocupar com

outra coisa. Por que você acha que você se afastou do foco na

isso? Bem, por causa da dor , ou um tipo de dor. É como um

coação emocional.

(IBBOTT 4 .)

4 . RESPEITO, reciprocidade e identidade.

Outra restrição moral fundamental é o respeito pelas outras pessoas. Respeito é reconhecimento do estatuto de alguém ou de pé.

Um tipo de relação é estima : respeitar Seamus Heaney como poeta é

para pensar muito sobre o que ele escreve. Outra versão é o reconhecimento do

alguém é o estado em uma hierarquia. Existem expressões convencionais

respeito pelo estado de alguém , um respeito ligada à educação e

às vezes a deferência . Soldados expressar a versão de deferência

respeitar quando saudar um oficial. Mas estima e deferência não são

as restrições morais centrais. A moralidade , muitas vezes apela para o respeito

pessoas que não estima nem adiar para .

Há exposições de versões menos forçadas e mais iguais de respeito

de saudar um oficial. Nós reconhecemos alguém como uma pessoa que conhecemos por

cumprimentá-los na rua. Com as pessoas que não sabemos , não há

polidez convencional para sinalizar o reconhecimento de sua posição como

seres humanos . Então, nós reconhecemos que as pessoas têm legal ou moral

direitos , e mostrar isso por não agredir eles, não roubar a partir deles,

respeitando a sua privacidade, não humilhá-los e assim por diante .

Tanto a versão convencional educado e respeito pelos direitos pode

expressar uma atitude mais profunda e mais geral. Crianças , usado para o caminho

eles mesmos massa grande em suas próprias vidas , pode ser atingido de repente

com uma consciência viva de que todas as outras pessoas , tanto quanto

si mesmos, ter uma vida de liderança e um ponto de vista próprio. o

vida eo ponto de vista de outra pessoa é tão desesperadamente importante

a eles quanto a minha é para mim. O pensamento é um lugar-comum , mas a sua aurora

pode ser uma parte importante do crescimento. O ponto de vista de outras pessoas

guiados por esta consciência pode ser chamada de "a profunda atitude de respeito " .

Em momentos chave a mesma consciência pode retornar com vivacidade aos adultos.

Nos Debates de Putney em 1647, o coronel Rainsborough apelou para ele

ao argumentar que o governo apenas por consentimento : "Porque realmente eu acho que

os mais pobres que o que está na Inglaterra tem uma vida para viver como o maior

ele ; e, portanto, verdadeiramente , senhor, eu acho que é claro , que todo o homem que

é viver sob um governo deve ser o primeiro por seu próprio consentimento para colocar

se sob esse governo " . E George Orwell , expressando sua

repulsa por ter experimentado uma execução, falou da "

incorreção indizível de cortar um curta vida quando se está em pleno

maré " . Ele expressou o horror de caminhar junto com os condenados

homem : "Ele e nós éramos um grupo de homens caminhando juntos , vendo, ouvindo ,

sentindo , entendendo o mesmo mundo ; e , em dois minutos , com um

estalo súbito , um de nós teria ido - uma mente menos , um mundo menos ".

Alguns tipos de respeito e não outros.

Alguns dos entrevistados claramente tinha respeito pelas pessoas de alta

posição na hierarquia social . ("Porque é propriedade da rainha ...

É a maneira que eu fui educado , respeite a Crown, respitar o uniforme,

respeitar a família real. ") Alguns deles tinham claramente a respeito

expressa em polidez convencional. ("Eu não jurar em frente

fêmeas ... Eu estou respeitosa. Quer dizer, eu acredito na abertura de portas , e se um

feminino está andando , seja ele um paciente ou membro do pessoal , deixei

lhes passe pela porta pela primeira vez. ") E o destaque do respeito à

direitos em sua paisagem moral tem sido notado. (" As pessoas com deficiência

têm direitos assim como as pessoas normais ... Eu respeito seus direitos básicos " .)

Ocasionalmente, as razões dadas para respeitar os direitos mostrou alguma consciência da perspectiva daqueles cujos direitos foram violados. mas ,

em sua maior parte respeito pelos direitos era mais uma questão governado por regras

do que algo enraizado na consciência da perspectiva dos outros.

O que estava faltando era principalmente a profunda atitude de respeito . para George

Orwell , execução significava um mundo menos e isso fez para o

incorreção indizível de cortar uma vida na maré cheia . a ausência

de nada disso faz parte da superficialidade de alguns dos entrevistados '

pensamentos sobre a pena capital . ("Eu só olhar para a Inglaterra. Não há

espaços , há prisioneiros em todos os lugares , há criminosos que penduram ao redor

e aquilo, e eu acho que, se houve execução então, mais

execução do que o normal , eu acho que seria um mundo mais silenciosos para morar

cm ")

RESPEITO E reciprocidade : "Não é muito real para si mesmos."

Rejeição, bem como fazer as pessoas com fome de reconhecimento e respeito

por si mesmos, também podem impedi-los de desenvolver o reconhecimento

das vidas interiores de outros que fundamenta a atitude de profunda

respeito. É plausível para ver tudo isso como sendo baseada reciprocamente .

As pessoas aprendem a profunda atitude de respeito pelos outros , em parte, através de

sendo respeitados si.

Os outros tipos de matéria pode ser diferente . Soldados que não eram

respeito demonstrado na infância , provavelmente, aprender a saudar os oficiais . mas

pode -se conjeturar que este tipo de "respeito" não sobreviver por muito tempo

a remoção da coacção que impõe . A profunda atitude de

respeito, o reconhecimento interno do status moral de outras pessoas ,

pode precisar de alguma reciprocidade para o seu aparecimento .

Numa fase inicial do projeto, Dr. Gwen Adshead e eu estávamos

discutindo as pessoas que estavam prestes a entrevistar . Muitas são de pacientes

dela. Pensando sobre a sua capacidade de prejudicar os outros , eu me perguntava se

outras pessoas e suas vidas interiores parecia totalmente real para eles . ela

pensei que a minha dúvida pode estar certo, mas acrescentou: " Às vezes, eles não são

muito real para si mesmos. " Na época, eu estava intrigado com este comentário ,

embora não tenho certeza o que significava. Uma possível ligação entre uma

sensação diminuída da realidade de outras pessoas e uma sensação diminuída

da própria realidade de um poderia vir das conseqüências de infância

rejeição. " Outras pessoas não pareciam totalmente real para eles " é uma forma de

descrever a ausência de reconhecimento interno do status moral de

outros. E "não ser muito real para si mesmos" poderia descrever outro

conseqüência da rejeição e humilhação : a incapacidade de desenvolver uma

sentido forte de sua própria identidade e valor - a falha que cria

tal fome de reconhecimento e respeito.

Uma das características listadas no "Fator One" da lebre Psicopatia

Checklist é um "senso grandioso de auto-estima ." Algumas das pessoas que eu

entrevistadas pessoas pareciam que possam querer dar a impressão de

ser realmente alguém. Mas por trás disso , muitas vezes parecia ser a necessidade de

ser alguém , em vez de convicção real . E a frase " não muito

real para si mesmos ", muitas vezes parecia ressoar com coisas que eles disseram .

Você tem uma imagem do tipo de vida que você quer levar quando você

estão fora ? LF: Eu nunca tive um tempo normal, confortável quando

sólida de tudo ao meu redor , as pessoas são sólidos em torno de mim ,

apenas isso , apenas simples , você sabe o que quero dizer ? O que quer dizer "as pessoas são sólidos " ? Er , minha família me deixar para baixo , todos me decepcionou ... Este é apenas

um exemplo . Eu vim fora e eu não tinha nenhum para cerca de 6 meses , em seguida,

minha mãe , é uma relação estranha , ' cos no final do dia ela é

"Mamãe " , sabe o que quero dizer , todo esse tipo de coisa , e então ela diz:

"Você fez muito bem , eu acho que você merece um mimo" e então ... Eu só

não posso, eu sei que não é certo. Por isso só confunde , confundindo . e

é assim que tem sido por muito tempo .

(Farleigh 11.)

Aqui , sendo sólida é ser alguém que possa ser invocado , confiável. o

contraste é com deixar alguém para baixo . Talvez sentindo esse tipo de

solidez em outras pessoas é parte do que é necessário para desenvolver um senso

de sua própria solidez e valor.

5 . Identidade moral e agência.

A maioria das pessoas , sem usar a frase, tem um senso de sua própria moral

identidade . Eles têm uma imagem do tipo de pessoa que são e alguns

idéia aproximada do tipo de pessoa que gostaria de ser. Pela

sorte ou a própria auto-satisfeito , os dois se sobrepõem bastante. para

a maioria de nós existem lacunas .

Nem todas as partes da imagem do que somos como contribui para a

senso de identidade moral. Nossa idade, altura , hobbies e preferências para

alguns tipos de alimentos , esporte ou música são geralmente menos relevantes do que a nossa

imagem de quão longe formos honestos , generosos, cumpridores da lei, corajoso , amável,

um bom pai ou uma boa amiga. O mesmo vale para o tipo de pessoa

gostaríamos de ser. Algumas das nossas ideias sobre isso (ser um bom

nadador ou ter uma mesa menos caótico) pode ter pouca importância moral.

É apenas esperanças ou desejos carregados com valores que fazem parte do senso de identidade moral.

Entre as principais restrições morais são estas imagens carregadas de valor de como somos ou o que gostaria de ser e, particularmente, as idéias do tipo de pessoa que não quer ser. "Eu não sou o tipo de pessoa que leva subornos. " " Eu não quero me tornar alguém que trai o seu amigos. "

Identidade e agência estão ligados. O que somos eo que fazemos , são entrelaçados. Estamos todos em forma de um monte de coisas fora do nosso controle. o tipo de pessoa que somos depende de maneiras óbvias em genes , parenting, o cultura em que crescemos , e de muitos outros fatores que nós mesmos não fizeram escolher . Mas muitas pessoas também desempenham um papel na definição do tipo de pessoa eles são. Esta auto- criação assume diferentes formas.

Não é o tipo principalmente inconsciente de auto-criação Aristóteles notado. Nós escolher livremente a agir de uma certa maneira, e essas ações moldar os nossos hábitos. Por sua vez, esses hábitos endurecer em nosso caráter.

Depois, há escolhas que , geralmente de forma não intencional , a forma que nós são como influenciando o mundo pessoal em que vivemos. estes incluem opções de quem se casar ou viver com , opções de trabalho para o fazer e onde vivem , as escolhas sobre ter filhos , e muitos mais trivial . E há projetos conscientes de auto- criação. muitos as pessoas se envolvem nestas no final menor: com o objetivo de mudar o que eles são como pela perda de peso, por sua escolha de roupa ou penteado, por cursos de formação assertividade ou lendo livros sobre como fazer amigos e influenciar pessoas. Alguns têm mais importante conscientemente projetos auto- criativa, que pode envolvê-los por anos ou uma vida inteira :

encontrar a auto-compreensão através da psicanálise , tornando-se uma Olímpico

atleta , tornando-se um bom cristão ou muçulmano.

As fotos cobrado valor de nós mesmos , como somos e como poderíamos

tornar-se , tem influência óbvia sobre o maior e mais consciente

versões da criação de auto . Mas eles podem também influenciar a outra

tipos , estimulando ou desestimulando algumas ações que podem moldar

hábitos e , em seguida, personagem ou guiando nossas escolhas de amigos,

parceiros ou empregos. À falta dessas fotos é ter reduzido poder de

auto-criação e, assim, perder uma parte central de estar no comando de

a própria vida .

O senso de auto : rasas e profundas .

Até que ponto os homens que entrevistei tem essas fotos? algumas respostas

às perguntas sobre o tipo de pessoa que gostaria de ser foram

rasa , preocupado apenas com o que habilidades, talentos ou trabalho que iriam

como .

Você acha que a maioria das pessoas tem uma idéia do tipo de pessoa que eles querem

ser? Uma das coisas .. as pessoas dizem é: "Eu não quero ser o tipo

de pessoa que faz esse tipo de coisa . Z.C : Em alguns casos , eu meio que

como pessoas talentosas. Vou te dar um exemplo, Bruce Forsyth . tal

grande artista , você sabe. Ele pode jogar o piano. Ele pode fazer tudo

os tipos de coisas . Eu queria ser como ele, talentoso.

(Crinos 6 .)

Você tem uma imagem do tipo de pessoa você é ? Você tem um

idéia de um ou outro que você é como ou o que você gostaria de ser?

J.F : Eu sei o que eu gostaria de ser. O que você gostaria de ser

como ? Eu gostaria de ser um gangster . Você faria isso? Por que você gostaria de ser

um gangster ? Eu o faria. Eu gostaria de ser como os gêmeos Kray . Será que

você ? O que é bom sobre isso? Eu não sei . Eu só faria. Os gêmeos Kray

De volta na década de sessenta , os gêmeos Kray usado para parar tudo e assalto

estupros na rua e manteve as ruas limpas .. eles tem que saber

celebridades e coisas assim. E deram o dinheiro para a caridade.

(Queda de 4 .)

Você tem uma imagem do tipo de pessoa que você gostaria de ser? C.Q : eu

gosto de ser eu mesmo , er, trabalhando em restaurantes , treinar para ser um chef,

é isso que eu gostaria de ser .. Ou trabalhar para o Conselho ou estrada

obras , não desenterrar pavimentos rodoviários .. coisas assim , você sabe.

(QUIGLEY 4 .)

A superficialidade não é apenas uma questão de mencionar apenas trabalhos vez

do que mais as características pessoais de valor cobrado . Há também a

impressão de não pensar muito para trás até mesmo a escolha de postos de trabalho ideais.

As escolhas de ser um chef ou fazendo obras rodoviárias não parecem refletir

idéias sobre a aptidão pessoal para um tipo de trabalho ou os tipos de

satisfação deve ser buscada em um trabalho. Eles são mais como itens puxava

fora aleatória de uma banheira de farelo. Ou, como Penney Lewis sugeriu para mim,

que pode refletir um desejo para qualquer tipo de trabalho normal , em vez de um

vida de detenção em um hospital seguro. De qualquer maneira , a ausência de qualquer

referência a uma imagem valor cobrado sugere um fraco sentido de moral

identidade .

Por outro lado, alguns deram respostas sugerindo pensamento sobre pessoal desenvolvimento em diferentes etapas da vida . Um homem estava ciente de

tendo sido encarcerado por muitos anos e por isso não ter tido a

oportunidade para se desenvolver.

Você estaria disposto a dizer algo sobre o tipo de pessoa que você

acho que você estava antes, e o tipo de pessoa você acha que você está agora,

o que está em comum eo que é diferente ? Q.L : Bem , até meu índice

ofensa que me trouxe para Broadmoor , em 1971 , eu vivia basicamente um

nível. Eu trabalhei , trabalhei duro , tem um pacote de remuneração , conheci os meus companheiros no

final da semana , ficou bêbado , foi para pubs e clubes e às vezes

o espectáculo de alguns pequenos furtos , você sabe. Outras vezes, ocasionalmente

entrou em uma briga , luta embriagado, e esse ciclo repete -se a cada

semana , durante anos, até que um dia eu matei alguém e acabou em

Broadmoor ... Estou completamente entediado com a vida institucional ... Um dia é o

mesmo que o seguinte, você sabe, eu estou farto de tudo o que o

instituições têm para oferecer. Preciso de experiências da vida do lado de fora , você

sabe, para se desenvolver. Eu realmente não ter sido dada a chance , você sabe ... Eu estou

54 anos de idade agora, você sabe, se eu estava fora agora, eu tendem a

associar com pessoas que estão em seus vinte e poucos anos que era a idade

Eu estava trancado originalmente , você sabe ... Mas o problema é que as pessoas

em seus vinte e poucos anos agora não são as mesmas que as pessoas na sua

vinte e poucos anos , quando eu estava no meu vinte e poucos anos . Acho que é difícil de obter em

com a minha própria faixa etária. Você sabe por que você achar que é difícil de obter com

sua própria faixa etária ? Bem, eu faltei para fora em todo o desenvolvimento

estágios , você sabe , eu quero dizer pessoas , durante o tempo que estive bloqueado

-se , as pessoas tiveram essas experiências , eles se casaram , eles tiveram filhos, eles tiveram hipotecas , que tiveram férias no estrangeiro ,

carros, dinheiro no banco , feriados. Eu nunca tive nenhuma dessas coisas ,

você sabe .

(LAWLER , 5-6.)

Outra teve pensamentos sobre desenvolvimento moral em diferentes estágios de

vida e seus comentários também sugeriu um bastante profundo senso de moral

identidade que ele reconheceu estar em conflito com as suas ações passadas.

BF: Você não pode ter uma idéia de certo e errado como uma criança. Um monte

de que envolve , de alguma forma, " não gritar com seus pais " , ou " você vai

comer todos os alimentos que antes de ir para a cama " , ou algo assim , que é um

formação básica , mas ... como você vai até a adolescência, não adianta. você

tem que aprender novas regras ... Quando você diz que aprender novas regras, é que a aprendizagem

regras, ou é pensar sobre o que você realmente se preocupam , ou o que é

isso? ... Acho que , hum, você vê como você deseja caber dentro Você aprende a

comportar-se de forma adequada, para manter essa posição . E , er assim que eu penso ,

er, a impetuosidade da infância tem que dar forma e, talvez, inicialmente

então é uma questão de regras de aprendizagem ... mas que para tornar-se

consciente bastante cedo. Eu acho que você se tornar o que você quer se tornar.

Esta sou eu, é assim que eu quero que se comportar, isto é o que a minha consciência

diz-me porque é onde eu quero estar . Você tem uma foto de

como você quer ser ? Hum, sim , eu tenho idéias de como eu gostaria de estar no

sociedade e como eu gostaria de responder às pessoas . Quero dizer o meu próprio eu . Er ,

Eu acho que às vezes o meu , er . Eu fui ignorante , eu não reagir com uma

consciência , por assim dizer , e, eu gostaria de desfazer o que realmente e se comportam como

um mais er, pessoa humana durante todo o caminho de verdade.

(COMPANHEIROS 4-5.)

Alguns deram respostas cuja profundidade ou superficialidade era difícil de classificar.

Você tem uma imagem do tipo de pessoa que você pensa que é? se

você tivesse que descrever a si mesmo ... o que você diria sobre si mesmo?

NB : Um, o tipo de pessoa que pensa em outras pessoas antes

eu mesmo ... Eu me preocupo com outras pessoas antes de eu me preocupar comigo ... Então,

que tende a me deixar como um , muito para baixo porque eu tendem a usar tudo, tudo,

o que eu tenho dentro de mim para dar a outras pessoas e deixar -me com

nada . Hum, er, eu estou muito bem falado quando eu quero ser. Hum, eu uso o olho

contato quando alguém está falando comigo. Hum, e eu sou um agradável , brilhante

jovem. Sim. Eu tenho um lado de mim que eu não gosto de valentões . Eu

não gosto de bullying pessoas. Eu não gosto de autoridade. Porque , para uma

certo ponto , um, eu não gosto de ser pressionado ... Eu gosto de um monte de

espaço em volta de mim .

(BLACK 5 .)

Esta conta , baseando-se nas características de valor cobrado

relevante para a identidade moral , também tem dicas de superficialidade . tem

um forte sentimento de ser um altruísta abnegado de tal forma que um

maravilhas quanto o pensamento crítico ou auto-consciência tem ido para a

conta. E há um toque de aleatoriedade nos comentários sobre os olhos

entrar em contato, ser agradável e ser bem falado . Há algum sentido de

identidade moral expressa , mas de uma forma que levanta dúvidas sobre

se o auto-conhecimento é aguda .

Nanismo O CRESCIMENTO DA IDENTIDADE MORAL : culpa e auto - ódio.

Existem pistas sobre por que o senso de identidade moral , por vezes, não se desenvolve ou se desenvolve apenas na forma atrofiado ? Onde é que um

senso de auto superficial vem? Algumas das respostas da entrevista citada

anteriormente sugeriram que diz respeito a ser mostrado é importante para

desenvolver um sentimento robusto de sua própria identidade. Mas sendo negado

respeito não é a única coisa que impede o crescimento de um sentimento de

self. Sendo feito a sentir culpa, se sentir mal sobre si mesmo, pode também

desempenhar um papel. Alguns dos entrevistados haviam experimentado um monte de culpa.

Que tipo de coisas você foi feito para se sentir culpado ? Eu. Eu : Bem

- Desculpe-me - masturbando e as coisas ... Então, você se sentirá culpado

sobre isso? Muito. Mas você diz que empurrou a culpa de

sua mente realmente ? Bem, sim. Eu ignorei. Decidi ignorá-la

porque me fez sentir mal.

(IBBOTT 3 .)

Às vezes, eles se sentem culpados , mesmo para coisas que as outras pessoas

tinha feito com eles.

LJ : Eu me odiava por as coisas que minha mãe fez para mim e passo

irmão. Hum, eu pensei que era tudo culpa minha. Que eu era a única que

estava fazendo errado.

(JACKSON 8 .)

Sendo feita a odiar a si mesmo é quase uma boa base para o desenvolvimento de um

senso de identidade moral. Esta carga de culpa na infância também levanta uma

pergunta sobre a "falta de culpa " na imagem do Cleckley

psicopata e que faz parte do "Fator One" no Hare Psicopatia

Checklist . Será que essa sobrecarga de culpa na infância amortecer a

capacidade de sentir culpa mais tarde na vida ? Ou é a ausência de culpa adulto mais aparente do que real?

Alguns acharam ruim o suficiente sobre si mesmo para se sentir acusado até mesmo para coisas eles não fizeram .

Você já se sentiu culpado por coisas ? N.B : eu, o tempo todo , sim.

É mesmo? Hum, se alguém entra em um armário na sala de jantar ou alguém escreve algo nas paredes, e porque ninguém sabe ... quem fez isso ,

Sento-me lá se sentindo culpado , pensando que eu espero que eles não estão todos olhando para me .

(BLACK 4 .)

Quando os entrevistados falaram sobre se sentiu culpado quando , ou logo após , eles cometeram seus crimes , eles deram muito diferentes contas . Alguns fizeram ajustar a imagem Cleckley -Hare de ter ser livre de culpa. Mas eles deram diferentes contas de por que isso tinha foi assim. Alguns sentiram que tinham cometido crimes sem vítimas e assim Não se sinta mal com o que tinham feito , mas disse que eles teriam sentia culpada se tivessem prejudicado alguém.

Você já se sentiu culpado por algo que você fez ? N.B : Hum,

(hesitação) Não, não. Você não se sentiria culpado por isso ? Você não faria isso se sentir mal por ter feito algo ? Acho que eu não me sinto culpado porque eu nunca cometeu um crime onde eu literalmente afetado alguém, como se eu tivesse quebrado na casa de alguém e roubado tudo ...

Porque eu tenho roubado de um bloco de escritórios ... não é realmente afetando ninguém, é apenas porque não pertence a ninguém , não é saliientando ninguém de fora. Mas será que você se importa se você roubou de uma pessoa você sabia ? Você se sentiria mal por isso ? Eu gostaria, sim.

(BLACK 4-5.)

Outros disseram que qualquer tendência a se sentir culpada foi esmagada pela

ódio que sentiam.

Algumas pessoas pensam que a forma como a sua consciência lhe diz algo é

errado é que você se sente mal com isso . Mas as outras pessoas pensam que o que

você se sente culpado por é apenas uma questão da maneira como você foi criado .

O.A : Sim, eu acho que é verdade em ambas as contas . Ele depende da maneira

você foi criado , o que você foi criado para ... hm ... é ... é ... eu

Quer dizer, eu não costumava se sentir culpado , porque eu tinha muito ódio dentro

que eu me sinta culpado, contra todos.

(Addison 4 .)

Outros disseram que sentiu muita culpa depois, por causa de ter de enfrentar

a dor que causaram , mas disse que no momento em que tinha evitado

culpa por colocar antolhos .

Se eles não te fiz nada feliz , eles machucar outras pessoas e

eles te machucar, que eles te machucar , em parte porque eles ferir outro

pessoas e você se sente mal com isso ? O.A : Er , sim, mas, em seguida , é como se ,

sua , quero dizer , se você não conhece a pessoa, d' sabe o que eu quero dizer, você

justificá-lo , bem, você não justificá-la , você não vê-los. Sim. Quero dizer

Eu me lembro quando eu ferir esse cara na prisão e sua mãe estava no tribunal

e ela estava chorando e que , eu senti , foi horrível , eu me senti tão

terrível . Porque ela estava lá e eu podia ver que ela estava fazendo . mas ,

hum , é como uma coisa pisca-pisca , você não olhar. Quando você agiu você

foram , como você colocou, blinkered , você não pensar sobre o

consequências para as pessoas ? ... Mas as crianças quando começam a fazer isso, como se quebrar em algum lugar e nick ... eles devem enfrentar as pessoas ,

'cos não há nada pior do que ser humilhado até a alguma

face. Quero dizer , ninguém gosta disso , é horrível . Portanto, não é apenas

sentindo pena para a pessoa que está machucado , também está sentindo a vergonha

sobre como ... Sim, sim, mas tudo isso , a coisa toda, é vê-los,

vendo o olhar em seus rostos.

(Addison 13.)

Alguns disseram que se sentiu culpada no momento , mas não tinha admitido isso.

QA: No caso de , na verdade, o assassinato , eu concordaria com enforcamento. Eu

mataram o dobro de duas pessoas , e eu nunca esquecerei. Eu fiz não só

feri-los. Eu machuquei sua família mentalmente , não fisicamente, mas mentalmente ,

e seus entes queridos . Levei-os longe de suas famílias e

tudo ...

Você se sente culpado pelo que você fez naqueles dias? Eu me sinto culpado

sobre tudo o que eu fiz. Naqueles dias , você se sentiu culpado, mas

não iria admitir isso ? Sim. Eu me senti culpado, mas eu não iria admitir isso. Eu estava

muito orgulhoso. Eu costumava ir embora e dizer : "Eu estava fora de ordem lá " para

mim, mas eu não diria a ninguém , mas agora eu faço. "

(ASH 5-6.)

Aquele que expressaram fortes sentimentos de culpa agora, mas disse que não tinha

sentiu-se culpado na época, foi desarticulado sobre por que isso tinha sido assim.

Em seu relato , no momento em que ele parece ter sido cheio de conflitos.

Embora ele tenha negado ter sentido culpa , ele disse que havia tentado parar e

se sentiu enojado consigo mesmo.

LJ : Então o ato de estupro é violento o suficiente, pelo amor de Deus , você sei. Mas mesmo quando eu estava fazendo que eu parei de repente , você sabe.

Que , o que estou fazendo aqui? O que está acontecendo ? Você sabe . Tentei

fazem desculpas fracas para a mulher , desculpas ridículas estúpidas para o

Mulher , você sabe. E eu dirigi -los até uma das estações de auto-estrada

e estacionou na frente de um carro da polícia , que estava sentado lá. E isso era

lo . Eu estava totalmente revoltado comigo mesmo. Eu não tive a mínima

coisa de fora. Quero dizer, sexualmente , ele não fez nada para mim em

tudo . Graças a Deus. Mas agora, eu penso comigo mesmo , bem, você sabe, eu quero dizer que eu tenho

tentou , tudo o que posso esperar é que , a mulher , bem a mulher não é

ainda agonizando sobre isso. Felizmente, ela foi capaz de continuar com

sua vida e colocá-lo de lado. Obviamente, ela nunca vai esquecer. Eu

não iria esquecê-lo ...

Quero dizer que não é só a afetava , é afetado sua família e

amigos e coisas assim. Essas coisas , você não pensar. Eu

não pensar sobre eles de qualquer maneira. Eu faço agora. Quero dizer , houve momentos em que

Eu gostaria de poder vê-la novamente . Sim. Você sabe, mais ou menos, não pedir desculpas

exatamente, mas mais ou menos ... Você se sente um pouco culpado por isso ? Sim, eu sei

sentir culpado por isso. Você se sentiu culpado por isso naqueles dias? você

dizer que você é uma pessoa diferente. Agora você é uma pessoa que se sente culpada

sobre esse tipo de coisa. Você se sentiu culpado por esses dias sobre

coisas que você fez , ou não particularmente ? Não é verdade. Por que você acha que

era ? Eu não sei. Eu não tenho nenhuma idéia.

(JACKSON 11-12 .)

Auto-criação e falta de controle : o lado bom E o lado ruim .

Alguns entrevistados sentiram que tinham sido muito no comando de suas próprias vidas :

IQ: Eu sempre costumava sentir que há três categorias de pessoas em

prisão e esses estabelecimentos. Há o triste, o louco eo mau.

Eu também sinto que você se encaixa em um desses, e eu sempre me classe

como o mau . Não é o triste , não o louco, mas o mau ... Quer dizer, eu escolhi o

rota que eu tomei, só a mim mesmo. Quero dizer, ninguém me diz , Joe , você

Tenho que fazer isso, você tem que fazer isso. " Eu escolhi isso, então realmente o meu

destino , como tal, foi colocado para fora por mim. Não foi colocado para fora antes e

disse: " Certo, seu destino é acabar em Broadmoor em 30 anos '

tempo . Quer dizer, eu realmente andou o caminho que me trouxe até aqui . Você sabe,

ninguém me empurrado .

(Questor 13-14 .)

Mas relatos de muitas vezes não se sentir no controle foram mais freqüentes :

JF : Às vezes, na minha situação , eu sei que estou fazendo de errado , mesmo quando eu

sei que eu deveria estar fazendo certo. Mesmo que eu fiz de errado , eu não posso parar.

(Queda de 6 .)

Você sabia que outras pessoas estavam odiando que quer que fosse . Você não fez

quero saber sobre isso. Que dor você estava protegendo a si mesmo a partir de ?

II: Quase acontece comigo em qualquer lugar, eu recebo um psicológico

impressão , os sentimentos podem não ser certo, e é apenas um desamparo.

É um sentimento que levaria a algum tipo de intensidade, que

iria me empurrar sobre a borda. Eu não seria capaz de lidar.

(IBBOTT 4 .)

LF : Eu não , eu quero dizer que eu sei que é o que é que eu vou , eu quero dizer que eu

não necessariamente fazê-lo eu mesmo, porque eu sempre tendem a fazer um monte de

erros e atrapalhar ... Eu sei que realmente , quando eu olhar para trás, estes coisas, eu sei o que eu fiz foi errado, mas que conduz a ele que eu não

sempre fazer o bem, eu não penso mesmo que , por isso , eu não acho que há

lá de decisão.

E você sente que você não sabe o que você quer ? Não. Eu sei o que eu quero,

e eu , ele simplesmente não parece , er, uma espécie de realidade. Não parece tão

porém, você sabe, eu posso chegar lá.

Soa como se você quer ser gentil, mas às vezes têm um pouco

problemas no controle ... Sim , eu sei, esta é a coisa , eu sei o que

Eu gostaria de ser, e sabe como eu deveria agir, mas tudo parece ir apenas

para fora da janela .

Parece-me que você tem bastante um forte senso de certo e

errado, mas nem sempre é fácil aplicá-la em sua vida. mas colocar

-la em prática , eu não sou , eu sei o que é o quê, mas eu não, eu não posso,

Eu não sou muito capaz de colocá-lo em prática.

(Farleigh 3 , 5-6 , 9, 14-15).

Ação na pressa ou em um momento de raiva pode tirar a vida de outra pessoa

e arruinar a sua própria .

BF: Tudo acontece em episódios , mas ... apesar de que estamos aqui para um

razão , no geral , er não é como se ... a razão ocupava a maior parte

nossas vidas . Mais ou menos, as instâncias de um minuto , cinco minutos, no máximo, ou

algo nos trazer aqui.

(FELLOWS 11 .)

Uma relataram tomar decisões rapidamente e , em seguida, agir sobre eles muito

mais tarde, mas sem qualquer pensamento de intervir :

São essas decisões muito precipitadas tomadas num clima de forte emoção ? L.F :

É, também , decisões precipitadas que se estendeu tipo de dias ou semanas ,

Sabe o que eu quero dizer? É uma decisão precipitada , embora às vezes você

esperar uma decisão precipitada que ser assim , dois segundos depois de você sair e

fazê-lo , você pensa, então você vai e faz. Mas posso fazer uma apressada

decisão sobre algo e , em seguida, tipo de fazê-lo duas semanas depois. D' você

sabe o que eu quero dizer? Sem , e não , entre a pensar ...

(Farleigh 7-8 .)

Algumas dessas contas de não estar totalmente no controle tem ressonância

fora desse grupo . " Eu sei que estou fazendo de errado , mesmo quando eu sei que deveria

estar fazendo certo " é uma experiência a maioria de nós tem. Mas , tomados em conjunto ,

os comentários sugerem um sentido muito mais forte do que o normal de ser

derrotado em uma batalha interna : " tudo parece simplesmente sair do

janela "," não parece como se eu posso chegar lá " , um desamparo que

" Iria me empurrar sobre a borda. Eu não seria capaz de lidar. " Uma forte

forma de esse sentimento de luta interna ea derrota foi encontrado em um

entrevistado que se via como ter um bom e um lado ruim, e serra

perda de controle , como a vitória do lado ruim sobre o bem .

FV: Minha cabeça está tudo bagunçado e eu tenho como um bom lado de mim

que está falando com você agora, e então há um lado ruim de mim, e quando

que lado sai Eu não me sinto culpado ou qualquer coisa .. Então , embora

há dois lados de você , de que lado é o verdadeiro você ? O que você está

falando agora. É isso mesmo? Então, se agora você pode despejar o seu lado ruim

você faria isso ? É. Porque eu sou como um animal. Como eu disse, eu

atacar as pessoas por nada. E quando você está do outro lado , está bem

despejar o seu lado bom ? É como uma batalha. Quando eu esfaqueado esta menina , cerca de dez minutos antes que eu fiz isso, eu estava tendo essa grande batalha na minha

cabeça em curso e sobre -não faça isso, faça isso, faça isso , faça isso e assim.

Ele continuou e continuou e , no final, eu fiz isso. Mas depois que eu fiz isso , foi

como um zumbido , você sabe o que quero dizer . " Ele ordenados a cadela para fora " e outras coisas

assim. Vejo - lhe ordenado a cadela para fora e ele deu-lhe um zumbido. assim

o lado ruim gosta desse tipo de zumbido . Yeah- os gostos colaterais ruins

minha volta e coisas assim - ficando violência. O lado bom -it

quer apenas uma vida normal. Mas é como uma grande batalha . Às vezes eu

perder , porque eu tinha uma luta de um par de semanas atrás e no lado ruim foi

assumindo um monte e as enfermeiras o viu também. Mas você não acha que

o lado ruim é o verdadeiro você , então? Onde é que ela vem? Eu não

sei.

(VERNON 5 .)

É tudo muito longe da auto-criação bem-sucedida. No entanto, alguns

entrevistados estavam usando ajuda psiquiátrica , na tentativa de mudar

si . Mas o esforço pode parecer uma luta contra todas as probabilidades imensas .

AO: Eu sei que alguns dos pensamentos que tenho estão errados e alguns dos

coisas que eu tenho pensado e dito e querem fazer está errado. Então eu sei

que eu estou pensando errado, ou fazendo de errado . O que faz você se sentir culpado

sobre ele, ou o que faz você sabe que é errado? Eu não acho que é

que eu me sinto tão culpada. É mais do que , eu não consigo tirar a minha mente , para

começar . Inicialmente, obviamente , não vai ir embora e eu não consigo dormir . ele

Faz-me inquieto. Ele só joga na minha mente ... Preocupa-me que

eventualmente eu vou fazer essas coisas e eu não quero particularmente

quer - me realmente difícil para dizer "não " para eles ... Você está tendo pensamentos sobre a atacar as pessoas ou sobre o sexo ... Elas envolvem seqüestro,

estupro e violência e assassinato , então ... Se você pudesse escolher não ter

esses pensamentos ... Eu estou tentando . Essa é uma escolha que eu já

feito , que eu estou tentando ... Deve ser muito difícil fazer isso . É. em

o momento que eu estou tentando castração química , para trabalhar nas fantasias ,

que vai acabar com o sexo e as fantasias de assassinato / violência que

Eu tenho , mas não está a ter um grande sucesso com ele.

(ORTS , 4-5.)

Às vezes, um dos entrevistados , apesar do conflito interno e

apesar das coisas terríveis feitas no passado, tinha uma certeza

senso de identidade moral : a crença de que seu lado bom era o verdadeiro

pessoa , mesmo que no passado tinha sido obstruído .

Você diz o que você gostaria . Você gostaria de cuidar de sua mãe.

Você também dizer que você gostaria de ter - lhe dizer , sala de estar comigo. O.A :

Sim, espaço para ser eu. O que isso significa ? O.A : (risos) O que faz

significa? Acredite ou não , eu sou uma pessoa muito sensível e amorosa. Eu

gostaria de ser capaz de mostrar a alguém que eu possa amar e cuidar

eles .. Você acha que você sempre foi muito sensível e amorosa

pessoa ? Ele sempre esteve lá . Acabei negou. Acabei escondido

que , digamos assim .

(Addison 9 .)

CAPÍTULO QUATRO: DOIS problemas de interpretação.

Há dois problemas metodológicos óbvias para essas entrevistas .

Até que ponto pode a resposta dada às minhas perguntas ser aceito como verdadeiro ?

E, se as interpretações do que eles disseram está certo , até que ponto é a psicologia descrito especial para as pessoas com o seu diagnóstico ?

(Existe também uma terceira , muito profunda , questão . Qual é a apropriada

atitude para com este grupo de pessoas ? Suas vidas trágicas evocar simpatia em

um entrevistador. Eles também têm feito coisas terríveis para outras pessoas

que não estão presentes para ganhar simpatia. Existe um equilíbrio emocional,

entre a dureza de ignorar a tristeza do próprio dos pacientes

vidas arruinadas e uma simpatia sentimental que apaga o que eles fizeram

para os outros? Estas questões vão ser postos de lado aqui até a parte da

livro sobre " Transtorno Psiquiátrico , Controle e Responsabilidade " .)

A QUESTÃO DA CONFIABILIDADE .

Central para a conta Cleckley do psicopata é a imagem de

alguém enganando e manipuladora. Esta estende-se a reputação aqueles em

a categoria mais ampla de transtorno de personalidade anti-social. Portanto, não há

um problema metodológico óbvio. As coisas podem disse nas entrevistas

ser confiável?

Normalmente, uma decisão sobre se a confiar que alguém diz baseia-se em

duas fontes . Existe uma " leitura " intuitiva da pessoa , baseado em

tais pistas sobre o contato visual , postura , tom de voz e escolha de

palavras. E pode haver evidência independente , seja sobre o que é

dito ou sobre a confiabilidade da pessoa.

Nessas entrevistas uma leitura intuitiva nem sempre foi fácil. Numa

ou dois casos , eu senti que as respostas impessoais , frios deu nenhuma pista

sobre a sua confiabilidade. (A menos que esse tipo de resposta é em si um

sinal de falta de confiança , mas que não parece óbvio.)

Ocasionalmente, a voz do terapeuta parecia audível. sessão

frente a um homem muito duro para o futuro, que pode ser desconcertante para ouvi-lo

falar agora estar mais em contato com suas emoções.

Para a maior parte eu tive impressões intuitivas. Mas primeiro houve

uma barreira de romper. Chegando em Broadmoor , recebo um grande grupo

de chaves para a porta de perímetro fechado e para as portas fechadas na

caminho para as alas. Chegando na enfermaria , eu vou para a enfermeira. ele chama

o paciente e leva-nos tanto para a sala de entrevista. Então eu aparecer , como

um carcereiro com um monte de chaves tilintando em meu cinto , na companhia de

alguém deve ter visto como uma figura de autoridade . E , em comparação com muitos

as pessoas que entrevista, o jeito que eu falar pode refletir diferenças de

classe social e educação. Pode lembrá-los de encontros anteriores com

professores , advogados ou juízes.

Tento quebrar a barreira , mas isso leva tempo. Antes de sair,

a enfermeira pode ter dito bruscamente , " Robinson, você tem uma pesquisa

entrevista . Entrar na sala de entrevista. "Quando nós sentamos

juntos, eu digo: " Meu nome é Jonathan Glover. Estou feliz por ser chamado

Jonathan . Você gostaria que eu a chamá-lo de Mr. Robinson ou Frederick ? "

Normalmente a resposta é ao longo das linhas de " Fred vai fazer." o

entrevistado tem visto um breve relato do projeto, e consentiu

para a entrevista . Mas eu soletrar que eu não vim para perguntar sobre

sua ofensa criminal. Eu vim para perguntar sobre como ele pensa sobre

algumas perguntas sobre o certo eo errado , e que ele não tem que

responder a qualquer coisa que ele não quer . Mas até agora pouco foi feito

para reduzir a altura da barreira .

Normalmente, o ambiente fica melhor durante a hora do

entrevista . Faço perguntas de uma forma que eu espero é amigável e

respeitosa. Até certo ponto, eles parecem se aquecer até ser perguntado sobre como

eles pensam e como vêem as coisas. Com sorte , pode- se deparar com que

Eu realmente encontrar o que eles dizem muito interessante.

Eu coloquei meu gravador sobre a mesa entre nós e ligá-lo.

Porque eu sou inepto com essas coisas , depois de um minuto ou dois que eu digo,

" Vamos verificar se essa coisa está funcionando " . Às vezes , acho que nada

gravou e , em seguida, sobre mexer com ele , em vez de forma incompetente . o

homem oposto olha para mim com o aumento da incredulidade e depois diz

algo como: " Não, não, não gosto disso. Aqui , deixe-me fazer isso ", e , em seguida,

arranja -lo como deve ser. Isso não é algo que eu poderia (ou seria

quer), criado deliberadamente , mas seu acontecimento ajuda as coisas.

Como a barreira quebra um pouco , eu começo a ficar um pouco intuitivo

impressão da pessoa . Às vezes eu acho que ouvi uma nota falsa em

o que é dito . Quando isso acontece, é geralmente ligada a um sentimento de que

a pessoa que fala acredita , erradamente, que fazer uma boa impressão

me pode ajudar o seu progresso em direção a libertação . (Se ele acredita nisso,

é apesar das explicações que eu não estou ligado ao Broadmoor

pessoal .)

Mas, para a maior parte , o contato com os olhos , as expressões do rosto e

o tom de voz sugerem autenticidade . Alguns dos que eu vejo são bastante

difícil de obter para falar em qualquer comprimento. Eles parecem muito desarticulado , ou

mais desconcertado com a estranheza novidade ou aparente das perguntas.

Ou existe a possibilidade de que a sua fluência da fala pode ter

atrofiado em seus anos de confinamento . Nada disto parece ser um

postura enganosa. Mas estes são minoria. A maioria dos outros vêm para

parecem bastante satisfeitos por essas perguntas pessoais sobre sua

valores e seu ponto de vista , e gostar de ser ouvido. eles

muitas vezes sobre- passeio que eu disse sobre a entrevista não ser sobre

sua ofensa criminal. Às vezes, eles parecem ansiosos para discutir o assunto , como

se há algo que eles estão ansiosos para se expressar. E, muitas vezes , sem

ser perguntado, há coisas que parecem querer derramar sobre

sua infância. Com tudo isso, o que às vezes se depara com uma

aumento da qualidade no que dizem . Parece emocionalmente carregada em vez

do que calculado .

Claro, o psicopata Cleckley brilhantemente enganosa pode vir

sobre como esse. Um dos perigos de ser muito influenciado pela Cleckley

imagem da manipuladora vigarista é que ele pode tornar impossível

para qualquer coisa que nunca para contar como evidência contra ele. Sinais normalmente

sugerindo um mentiroso são tomadas para confirmar a desonestidade, e os sinais

sugerindo normalmente honestidade são tomadas para confirmar a brilhantemente

atuação manipuladora. Se a imagem Cleckley é ser vulnerável a

possíveis evidências contra ele , tem de haver alguma possibilidade de uma

interpretação de que , por vezes, leva os sinais de autenticidade sugerindo a

valor de face. Todos nós enfrentamos o problema de outras mentes o tempo todo. nós

tudo "ler " um ao outro , e nunca sabemos com certeza absoluta que

qualquer leitura particular está correto. Mas uma grande parte do tempo que temos

bastante boa razão para as nossas interpretações , apesar do fato de que nós

às vezes discordam sobre quando isso é assim.

Com as pessoas que entrevistei , há , por vezes, independente provas. Uma óbvia pensamento Cleckley tipo é sobre as contas que

deu de suas infâncias desesperadas. Inventar histórias deste tipo

poderia ser um truque óbvio para ganhar a simpatia e desculpar-se

da responsabilidade pelos terríveis crimes que cometeram.

Os psiquiatras que trabalham em Broadmoor , não um grupo muito suspeito de

mentindo para melhorar a reputação de seus pacientes - disse em conversa

que a grande maioria dos seus pacientes, 80% ou mais , tiveram como

infâncias .

Claro que, para muito do que eles dizem que não há verificação disponível usando

evidência independente . Intuitivamente, as coisas ditas parecia principalmente , mas

nem sempre genuíno . Tais interpretações são , até certo ponto

subjetiva , e aqueles que estão lendo as respostas citadas por vezes pode preferir

suas próprias interpretações para as sugeridas aqui .

COMO FAR é a psicologia que surge distintivo de ANTI-SOCIAL

Transtorno de personalidade ?

Para entrevistar esses homens era tentar vislumbrar as partes do seu interior

vive a ver com os seus valores , a moral ea consciência. Mas , mesmo que

O quadro aqui é mais ou menos certo, como diferentes são as suas vidas interiores

dos de muitas outras pessoas ? Tem sido sugerido que a deles

incluir uma moralidade de comando , as idéias de justiça primitiva , raiva,

superficialidade do pensamento moral e uma concepção superficial de si mesmos,

uma tendência de colocar antolhos , ea construção de uma muralha defensiva

contra ser ferido ou humilhado por outras pessoas. Mas cada uma destas está

encontrada em muitos que não têm diagnóstico psiquiátrico . Quais são os

implicações disso para a utilidade da conta que emerge

a partir das entrevistas ? E quais são as implicações para a utilidade

da categoria de transtorno de personalidade anti-social ?

Tome uma das características aparentes de suas vidas interiores . Um deles

disse: "Você construir esta parede defensiva" . Mas este é realmente um

resposta distintiva deste grupo de pessoas? Ted Hughes escreveu

algo em uma carta a seu filho Nicholas , que pode encontrar um eco em

muitas pessoas . Ele mencionou um sentimento de inadequação pessoas têm , o sentido

de não ter um ego forte o suficiente para lidar com tempestades interiores. ele ligado

isso para a criança vulnerável ainda dentro de cada um de nós :

"Todo mundo tenta proteger esta vulnerável dois , três, quatro , cinco, seis

sete de oito anos no interior, e adquirir habilidades e aptidões para

lidar com as situações que ameaçam submergir -lo. assim

todo mundo se desenvolve toda uma armadura de auto secundário, o artificialmente

sendo construído que lida com o mundo exterior , ea queda de

circunstâncias . E quando encontramos pessoas isso é o que normalmente se encontram ...

É assim que ele está em quase todos. E aquela pequena criatura é

sentado ali , por trás da armadura, olhando através das fendas ... Cada

única pessoa é vulnerável a inesperada derrota neste íntimo

eu emocional . A qualquer momento , por trás do adulto aparente mais eficiente

exterior , todo o mundo da infância da pessoa está sendo cuidadosamente

realizada como um copo de água abaulamento acima da borda. " (referência à

CHRISTOPHER REID (ed.) : CARTAS DE TED HUGHES , Londres, 2007 , páginas

513-514 .)

Claro, o testemunho de Ted Hughes não garante que

todo mundo desenvolve uma muralha defensiva : " toda uma armadura de secundário eu " . Mas , se muitos de nós responder ao seu pensamento com alguma

reconhecimento , isto sugere que a muralha defensiva pode estar protegendo

muito mais pessoas do que têm o diagnóstico de personalidade anti-social

desordem. Para descobrir como muitas outras pessoas, e para descobrir se o

parede é mais comum, ou é mais forte em pessoas com o diagnóstico , seria

precisa investigação empírica sutil.

Se estas entrevistas tiveram um grupo de controle , que teria sido

possível , pelo menos em princípio , para ver se a barreira era

mais comum entre o grupo Broadmoor . Mas na prática não haveria

ainda têm sido difíceis questões de interpretação. controle diferente

grupos pode gerar diferentes graus de contraste , ou mesmo o

diferença entre um pouco de contraste e nenhum. E até que ponto é a

invisibilidade de qualquer muralha defensiva um sinal de que não existe nenhum ? Ou quão longe

que propõe a habilidade com que a própria parede pode ser

defensivamente escondido ? Algumas destas possibilidades trazer um

vantagem de pensar das pessoas com transtornos psiquiátricos , em termos de

posições sobre várias dimensões da psicologia humana .

A abordagem de " dimensões " é uma alternativa a um forte psiquiátrica

tradição influenciado pela visão de um transtorno médico como tudo ou nada :

algo que uma pessoa ou tem ou não tem. Nesta abordagem ,

transtorno bipolar, transtorno de personalidade anti-social ou , é uma categoria

como caxumba , com um claro sim ou não resposta à questão de saber se

ela está presente . Aqueles com estas desordens habitam caixas separadas , cortar

fora das variações encontradas em pessoas "normais" . A visão alternativa é

encontrado entre muitos psicólogos . A ênfase em " dimensões de personalidade ", sugere que estamos todos em algum lugar ao longo de um continuum entre ,

por exemplo, a estabilidade emocional e maníaco-depressivo. Por esse ponto de vista ,

há alguma arbitrariedade no ponto de corte para psiquiátrico

desordem.

Esta conta do contraste aguçou -lo por alguma simplificação :

deixando de fora as qualificações que trazem as duas abordagens mais perto

uns aos outros . Mas há diferenças reais de ênfase. Os defensores da

a visão " contínuo " pode acusar os outros de fazer psiquiátrico

pacientes mais estranhas do que deveriam ser . Os defensores do "tudo ou

nenhuma " visão pode dizer a" abordagem contínua " minimiza o

distinção de transtornos psiquiátricos. Tal como em outras partes do

medicina, cada abordagem pode caber alguns distúrbios melhores do que outros.

Perguntas sobre a categoria de transtorno de personalidade anti-social

permanecem . É uma categoria útil ? Se for, até que ponto é " separado ", como

contra uma questão de ser mais ao longo de vários tipos de continuidade ?

A construção do muro defensivo é apenas uma das características que

pode ser distinta. Mas , tendo este recurso, se Ted Hughes estava certo,

a muralha defensiva está longe de ser exclusivo para as pessoas com este diagnóstico .

Mas , mesmo se ele estiver certo, eles podem tanto construir essa parede mais

muitas vezes , ou construir um maior e mais fortificada.

Essas coisas que nós ainda não sabemos deixar a questão do estatuto

da categoria de anti-social de personalidade desordem no ar . o

entrevistas sugerem que existem grupos psicológicos que muitos deles

têm em comum , mais do que entre as pessoas em geral. Se isto é verdade

da maioria das pessoas com o diagnóstico , isto sugere a categoria faz tem alguma coisa a ele. Mas eu também saiu com a impressão de que

pensando muito em termos de diagnóstico , com todas as associações

derivada da tradição Cleckley , pode ficar no caminho de falar com

eles, de ouvir o que eles dizem, e de vê-los como as pessoas que

são .

CAPÍTULO CINCO: SHAKESPEARE VEM PARA BROADMOOR .

HAMLET : Ouvi dizer que criaturas culpadas em uma peça de teatro

Tenha pelo muito astuto da cena

Sido atingido assim para a alma ...

... O jogo é a coisa

Em que eu vou pegar a consciência do rei .

A tarefa de ajudar este grupo de pessoas contêm ou superar sua

impulsos violentos é complexa. A maioria deles são pessoas cuja moral e

crescimento emocional tem sido atrofiado. Em grande medida , por conta própria

conta , isso foi porque eles eram crianças que não foram amados . muito

do dano não pode ser desfeita . Nada vai trazer de volta as pessoas

alguns deles mortos. Nada irá remover o físico ou psicológico

cicatrizes deixadas sobre aqueles que atacaram ou estuprada. E para si,

nada vai acabar com a rejeição de infância , seguido pela sociedade

rejeição após o crime, ou o fato de que grande parte de suas vidas

foi gasto em confinamento .

1. Reviver e nutrir crescimento moral e emocional.

Mas, talvez, parte do crescimento psicológico atrofiado pode ser revivido .

As peças raquíticas incluem empatia e simpatia. Também é retardado o

capacidade para se deslocar de pouca profundidade a profundidade . Existe uma necessidade , para exemplo, para desenvolver o respeito por outras pessoas que vai além

deixar as mulheres através da porta primeiro e outro convencional

polidez. Eles também precisam de ajuda com a construção de uma moral coerente

identidade , uma sensação de que eles são , que lhes permita viver

fora do mundo e viver em paz com eles mesmos.

Alguns destes tipos de crescimento estão ligados , se é certo que " outro

as pessoas não sendo muito real para eles " está ligado a " não ser muito

real para si mesmos. " Talvez a empatia , simpatia e respeito pelos outros

são aprendidos na infância através de reciprocidade : por si mesmos

sendo mostrado empatia , simpatia e respeito. E sendo mostrado esses mesmos

coisas pode ser importante para o crescimento de um sentido de identidade moral

eo movimento relacionado da superficialidade para algo mais profundo.

Estas conjecturas sugerem duas abordagens. Um deles é para tentar tirar

respostas emocionais mais profundas , o que também pode estimulá-los a refletir

em si mesmos e em seus valores . Isso significa chegar lá no fundo

eles, e pode haver uma pergunta sobre se os resultados justificam

o possível desconforto envolvido . O segundo , relacionado, estratégia é

ajudá-los a se envolver em relacionamentos que atraem a recíproca emocional

respostas e respeito mútuo. Ambas as abordagens podem recorrer a algo

muito diferente do distanciamento muitas vezes consideradas apropriadas em

profissionais.

" Tentando reviver" , ao invés de simplesmente " reviver" , o seu emocional

crescimento , porque o sucesso pode ser bastante limitado. Talvez capacidades pode

atrofia quando períodos sensíveis para o seu desenvolvimento foram perdidas ?

As crianças podem pegar uma nova língua com um sotaque perfeito que adultos costumam achar muito difícil ou impossível. Há chave semelhante

períodos iniciais para partes de desenvolvimento emocional e moral ? Se assim

talvez seja tarde demais para fazer um bom tudo o que foi perdido. Mas, só

como adultos ainda podem aprender línguas , entradas emocionais final pode fazer

alguma recuperação. A única maneira de descobrir é experimentar.

2. Problema " AMIGOS PAGOS " .

O que é envolvido em ajudá-los a se envolver em relacionamentos? uma pergunta

é sobre quem iria dar essa ajuda. Quem seriam eles? Como seria

puseram-se a ele , e em que contexto ? Seriam "amigos pagos" ,

com a manipulação e falta de autenticidade que implica ? esta dúvida

não é marginal , e talvez nenhuma estratégia ou técnica será completamente

contornar isso. Mas experimentando com vários " não-padrão" diferente

abordagens psiquiátricas pode indicar o quanto cada bem ou mal sucedida .

Algumas abordagens , uma vez que " não-padrão" , como a terapia da arte e drama

terapia, são agora uma parte visível do mainstream. Mesmo se houver uma

elemento do amigo pago sobre o terapeuta drama, ainda pode

haver benefícios reais. Peter Brook, no espaço vazio , lamenta que, para

muitas pessoas, o teatro e outras artes não são uma necessidade, mas uma

opcional extra. Ele compara este com as necessidades de psiquiátrica

em pacientes , por vezes, se reuniram pela terapia drama. Temas sugeridos pelo

pacientes , dramatized com a ajuda do terapeuta , pode desenhar tanto

aqueles que atuam e aqueles que assistem em questões se discutir todos eles

ação. Tomar sem vista sobre se isso ajuda a tratar o transtorno mental,

Brook diz que a experiência compartilhada muda um pouco como eles continuar com

uns aos outros . "Quando eles saem da sala , eles não são exatamente o mesmo que quando eles entraram . Se o que aconteceu foi shatteringly

desconfortável , eles são fortalecidos para o mesmo grau como se não tivesse

foram grandes gargalhadas ... simplesmente , alguns participantes são

temporariamente , um pouco , mais vivo . " (REFERÊNCIA AO ESPAÇO VAZIO ,

PÁGINAS 148-150 .)

A abordagem a ser descrito aqui não é terapia normal de drama. é

dando aos pacientes a oportunidade de ver peças poderosamente atuaram que vão profundamente

em coisas que têm escurecido suas próprias vidas.

3. SHAKESPEARE JOGA NA BROADMOOR .

Acima de tudo, nos dirigimos para o órgão amortecido , a imaginação.

É como a arte do médico, ou a cortesã do . O médico não pode amar

cada paciente , a cortesã não pode amar a cada cliente. É comum

humanidade que mantém você vai . Neste sentido, cada ator assinou

um juramento de Hipócrates não escrita.

Simon Callow : ser um ator.

Mais de uma década antes das entrevistas em Broadmoor descrito no

Neste livro, o hospital organizou uma série notável de teatro

performances . Entre 1989 e 1991, a Royal Shakespeare Company,

o Royal National Theatre e outros grupos levaram para Broadmoor alguns dos

Tragédias de Shakespeare : Rei Lear , Hamlet , Medida por Medida e

Romeu e Julieta. Porque muitos daqueles confinados em estadia Broadmoor

há muito tempo, é provável que algumas das pessoas que entrevistei

estavam nas audiências. Mesmo se não, o público vai ter incluído

pessoas semelhantes àquelas cujos valores e história Tentei

esboçar . Estas performances , e sua recepção, sugerem alguns abordagens não convencionais para nutrir o crescimento moral e emocional .

Título deste capítulo é emprestado do título de Murray Cox

impressionante livro Shakespeare trata de Broadmoor . (Neste capítulo, desenhar

enormemente nesse livro , assim como em seu outro livro Shakespeare como

Prompter .) Murray Cox foi um Consultor Psicoterapeuta em Broadmoor .

Ele se aposentou alguns anos antes de eu ir lá para as entrevistas, mas

pessoas que trabalham lá ainda , por vezes, se iluminou com a menção de seu

nomear.

Mark Rylance conheceu Murray Cox em um simpósio em Stratford. ele era

jogando atualmente Hamlet e , durante o café , ele sugeriu que " seria

ser bom se pudéssemos trazer Hamlet para Broadmoor " . Então, Hamlet se tornou o

primeiro de uma série de peças de teatro realizadas no hospital. quase um

quarto dos pacientes aplicada a participar. Apesar da decisão de não

risco de danos psicológicos para os pacientes que podem ser muito vulneráveis ,

nenhum daqueles que foram excluídos aplicada . A audiência também incluiu

alguns dos enfermeiros e outro pessoal . Após a apresentação do elenco e da

o público se misturavam e conversamos juntos. Poucos meses depois de Hamlet

veio Romeu e Julieta , a ser seguido por Medida por Medida e

finalmente o Rei Lear . Após o desempenho final parte do público

optou por ficar em uma oficina em que compartilharam suas experiências

com o elenco .

4 . Alcançando o interior profundo .

GERTRUDES : Tu turns't meus olhos em minha alma.

Ambos os psiquiatras e os agentes atestam a forma das peças , por vezes,

atingido bem no fundo dos pacientes .

Rob Ferris , um consultor psiquiatra forense , disse que o

tentativa psiquiátrica para ajudar os pacientes a ter uma visão sobre a sua

atos violentos , muitas vezes falha. Mas , "O que me impressiona é o poder da

teatro, o poder do desempenho de obtê-los , para abordá-los ,

para se comunicar com eles. " Ele disse que anos de terapia , às vezes,

têm pouco benefício óbvio , " No entanto, em uma única tarde, eu posso sentir a

poder do que o desempenho de alcançá-los , e sua capacidade de

responder . "

Os atores eram , por vezes, ciente da carga emocional especial dada

para a ocasião simplesmente por sua existência em Broadmoor . Brian Cox, que

jogado Rei Lear , expressa o seguinte:

Lear foi áspero produção desde o início , e sua vida dependesse

sua audiência. Se fosse um público morto , foi um desempenho mortos

porque não conseguimos ressuscitar algo que não estava lá. nós

não poderia dar vida a algo que não estava lá. Em Broadmoor você

não tem esse problema, porque todo o evento é teatral . para

jogar a um grupo de pacientes psiquiátricos é uma coisa teatral que fazer.

Próprio sentimento dos atores para o que está lá nas peças , por vezes, deu

lhes idéias do que o seu desempenho pode trazer aos pacientes .

Brian Cox refletiu sobre Rei Lear :

É sobre a morte, que é sobre a aceitação de seu fim , aceitando que, na minha

começando é o meu fim ; que você colhe o que planta , a menos que você faça

altera rapidamente e fazer as pazes em termos de si mesmo. Na verdade, é

em encontrar a nossa própria paz, que ele deve ser para aquelas pessoas trágicas

em Broadmoor .

Um paciente teve uma resposta que chegou muito perto de esta esperança :

Quando Lear morreu, eu senti uma enorme sensação de perda, e as lágrimas de equitação

pelo meu rosto. Eu queria desesperadamente ir lá e abraçar o cadáver de Lear .

Senti a sensação de união com a morte entre Lear e suas filhas.

Além disso, a sensação de paz e plenitude na morte ...

As peças que reverberam com a consciência dos seus pacientes

situação e de sua própria história. Brian Cox observou algumas respostas para

Lear :

Quando eu disse: " Existe alguma causa na natureza, que faz com que essas duro

corações ? " uma menina triste balançou a cabeça de um lado para o outro de uma forma muito

forma dolorosa .

Na cena da loucura , o público riu, com uma qualidade especial para

ele , que foi muito emocionante . Foi a linha que começa assim: " O quê!

Ar't louco ? Um homem pode ver como esse mundo vai sem olhos ... Nenhum faz

ofender , nenhuma eu digo , nenhum. " E foi extraordinário quando eu disse que

linha.

Quando eu disse: " Oh , deixe-me não ser louco" , a maneira como a frase reverberou

volta do quarto foi extraordinário ...

Os próprios pacientes falavam das ligações que fizeram com suas próprias vidas :

Hamlet, a pessoa também poderia ter sido a minha mãe, irmão, irmã e

mesmo apenas um amigo, e como se sentiram ao saber que eu , sua

irmão, tinha feito o que eu tinha feito , por isso tinha muito significado ... eu

espero que você entenda isso.

Será que fazer essas ligações estimular a reflexão sobre si mesmos? A

consultor disse Brian Cox que mais de um paciente dela disse coisas ao longo das linhas de, " eu fiz assim invejo a capacidade de Cordelia e

seu pai para ter uma despedida ... isso me fez pensar sobre a minha própria

situação, particularmente antes de eu matei meus pais. "

E alguns comentários do público sugerido pensamentos mais profundo e mais grave

que a convencionalidade raso ea moralidade comando perceptível

em algumas das entrevistas " socráticos " :

Uma das cenas de faca me fez lembrar de um incidente quando eu ameacei

uma ex-namorada , e trouxe para casa para mim o medo que sentia ... simplesmente

porque eu senti medo de assistir o mesmo. Ele também trouxe para casa para mim

como podemos compor nossas misérias através de nossos próprios sentimentos destrutivos da

amargura e vingança ... Se pudéssemos aprender a não agir em

desejos impulsivos de vingança que seria assim diminuir a quantidade de tragédias

nesta sociedade.

. 5 atores e platéia : dar algo de volta .

Para tocar para um grande público e simpático é como cantar em um quarto

com acústica perfeita. O público constitui o espiritual

acústica para nós. Eles devolver o que recebem de nós como viver,

emoções humanas .

Constantin Stanislavski : A preparação do ator .

A relação começou a se desenvolver entre atores e platéia.

Às vezes, as coisas aconteceram quando eles estavam apenas misturando-se antes ou depois

o jogo. Georgia Slowe (que interpretou Julieta) percebeu o que aconteceu quando

um paciente ofereceu Jenny, que estava jogando a enfermeira , uma xícara de café :

Ela virou-se concentradamente ausente e acariciou -lhe no braço : "Não, obrigado ,

darling " . Eu estava atrás de assistir o homem , e foi a sua expressão que me surpreendeu , quando esta linda mulher maternal acariciava e chamou

o " queridinho " de um modo distraído ; era apenas um maravilhoso

expressão . Naquele momento pareceu-me que ele tinha tido Jenny como seu

mãe, ele poderia nunca ter estado lá ; toda a sua vida pode ter

sido muito diferente .

Depois de um desempenho Ron Daniels , que dirigiu Hamlet, foi dito por um

paciente que este não era como Shakespeare foi feito normalmente :

"Não, eu sei que não é " , eu disse, "mas ele é baseado em uma idéia central de

um de minha família que tinha esquizofrenia e que se matou no

23 anos de idade . " Este paciente , esse homem colocou os braços em volta de mim e abraçou

mim e disse: "vai dar tudo certo ." Ele estava cuidando da minha dor e eu

pensei que estava acontecendo aqui não foi apenas nos dando , ela nos foi

recebendo assim .

Mas , principalmente, o relacionamento veio compartilhar a experiência do

interpreta que tanta ressonância com a vida dos pacientes. Brian Cox

encontrado jogando Lear mais fácil em Broadmoor do que em qualquer outro lugar :

Foi o desempenho mais liberar que eu já tive , porque

de repente tinha um ponto a ele. Porque de repente eu senti que eu estava fazendo

-lo a um grupo de pessoas que realmente entendeu o que a dor de Lear foi

sobre ... Eles sabiam , porque a sua imaginação era tão aguda.

As performances deram aos pacientes a rara oportunidade de

reciprocidade, de dar algo de volta para os atores , que os atores

transformar apreciado . Clare Higgins , que interpretou Gertrude , expressa o seguinte:

... A audiência estavam respondendo de uma maneira que eu espero para o público a

responder - de uma maneira sentimento e de uma forma muito aberta. À medida que se aproximou o fim do jogo, eu peguei os sentimentos daquele público que eu

nunca geralmente pegar no teatro. Eles simplesmente pareciam dispostos a

cruzar a linha de fase , e para ser parte do jogo : não havia uma grande quantidade de

dor na sala, e tristeza e pesar, e eles pareciam estar

empurrando o jogo para a sua conclusão com a gente. Eu achei extraordinário,

porque eu não acho que muitas pessoas naquela sala eram íntimos com o

jogar , nem sabia como ele ia acabar . Mas eles pareciam apenas para rolar

com ele, com a gente, até o fim. Foi uma sensação linda. Eu nunca tenho

teve que, com uma audiência antes do que todos nós juntos estavam vendo

o jogo completamente.

Mark Rylance falou sobre sua própria resposta a uma interjeição durante

O funeral de Ophelia, uma resposta em que o ator e Hamlet são mesclados :

Houve um momento incrível quando eu disse a Laertes , "Eu amei Ofélia.

Quarenta mil irmãos não poderiam , com toda a sua quantidade de amor fazer

o meu soma . " E uma das pacientes estava a frente e disse :" Eu acredito

você. " Meu coração realmente emocionado e lágrimas inundaram meus olhos , e eu

pensou - Oh, eu realmente precisava de alguém para dizer que ... Eu não percebi o quão

quanto eu precisava para ser acreditado. " ... eu senti sim, só alguém como você

entenderia. Talvez isso é parte da razão que eu queria ir ou

Hamlet em mim queria ir ; um sentimento de que as pessoas possam entender .

Assim como este dar para trás, havia também um pouco de respeito mútuo. marca

Rylance , que interpretou Hamlet, espera-se que o fato de os atores tiveram

vir pode enviar um sinal :

Eu imagino que era algo em si mesmo só para sentir que nós viemos e

deu desempenho que a eles . Se eu estava em algum lugar assim e alguém veio e fez isso por mim , eu sinto que talvez houvesse

algo de bom nas pessoas , ou que eles achavam que eu valia a pena.

Um paciente disse que a experiência compartilhada levou a amizade :

Atores e atrizes veio aqui como pessoas desconhecidas e deixar firme

amigos. A razão para isso ... é que nós compartilhamos uma intimidade e unidade

que nunca pode ser experimentado em outro lugar.

Tendo matado e abusado de nós mesmos, somos capazes de compreender a

loucura e violência ... em tragédias de Shakespeare porque é perto

para o nosso coração. Não temos que adivinhar o que [é] gostam de matar , mutilar,

e sentir o desespero absoluto. A maioria de nós já esteve lá nós mesmos.

6. A preocupação com a falta de autenticidade .

E sobre a questão " amigos pagos " mencionado anteriormente ? existe

algo manipuladora ou inautêntica sobre deliberadamente usando um

desempenho de uma peça de Shakespeare para alcançar as coisas no fundo da

pacientes ? A reciprocidade emocional e respeito mútuo que começou a

crescer para fora da partilha de contagem de experiência profunda contra isso.

Com antecedência alguns dos atores que se preocupar em ser manipuladora ou

paternalista. Mark Rylance expressa o seguinte:

Eu estava com muito medo de que eu estaria patrocinando eles ... Sabe - se

pensaria , bem, quem são esses atores que vêm aqui fingindo ser

louco ou fingindo matar ou estuprar e entrar nesse lugar

onde eu realmente esteve e para onde eu realmente sofreu tudo isso

dor por causa de estar lá. De repente, ficou muito assustado com o que

Eu estava fazendo. Que direito tinha eu para vir aqui e retratar as coisas como

isso para as pessoas que talvez tinham experimentado estas coisas em sua vidas ?

Mas essa própria consciência feito por autenticidade :

... Esse sentimento é como um fogo que queima qualquer excesso de ego e todos

os truques que você confiar em nós, e eu senti que eu tenho que ser absolutamente

honesto aqui. O Hamlet deve ser absolutamente ácido , honesto ... Foi um dos

aqueles momentos maravilhosos que me perseguir depois de todo o tempo , quando você

sentir que você é um condutor e algo está vindo através de você , em vez

do que você está fazendo nada. E eu não sinto que eu tinha jogado o

parte em tudo. Eu senti que eles jogaram . Algo coletivo veio através

me , através das palavras . Havia muito pouco "fazer" ; o "fazer" tem

queimados e houve mais ser ...

Em um momento ele falou as palavras " atos sujos vão subir, Apesar de todo o

Terra soterram eles, aos olhos dos homens " :

Eu disse esta linha com um homem que eu não conhecia , mas que tinha me olhou

com tanta clareza , com nada além de um olhar absolutamente reta. ele

me senti imediatamente como se houvesse um grupo muito sensível de pessoas

ali, que era preciso andar com muito cuidado e não abuso, não tomar

vantagem , apenas dar-lhes -lo tão simples como se poderia .

Praticamente o mesmo pensamento inspirou jogo de Ophelia de Rebecca Saire :

Normalmente, uma parte de mim está a um lado , a julgar a mim mesmo ea

A resposta do público para o que estou fazendo . No Broadmoor , descobri que

parte do observador de me chupou para trás dentro Confrontado com tanta verdade em

respeito das pessoas que estavam realizando em frente , inconscientemente I

percebi que precisava de 100% da minha própria verdade para respondê-las . Era como se eu

Ophelia estava jogando pela primeira vez .

7. Ajudar as pessoas REMOVER as viseiras e fazer algumas rachaduras na parede .

As vozes citados aqui são apenas alguns de uma audiência que contém

quase um quarto dos pacientes de Broadmoor . Portanto, há também são susceptíveis de

foram alguns dos que responderam menos.

Existe toda uma psicologia à espera de ser mapeado de por que algumas pessoas

que têm feito coisas terríveis são mais acessíveis do que outros. na sua

autobiografia Beside Myself, Antony Sher descreve conversando com dois

assassinos , lançado após a prisão, como parte da preparação para a reprodução

Macbeth . One ("marca") tinha sido um viciado em jogos de azar e matou seu melhor

amigo em vez de admitir que ele tinha jogado o dinheiro para a eletricidade

conta. Ele era sensível de uma forma que sugere " nenhuma camada exterior de

pele ", cru, tremendo, nervosa , perseguido pelo seu crime, e que viu

se mais tarde como "Alone . Nu no mundo. Sempre . " A outra

("Jimmy ") era " um homem duro de Glasgow , criado em crime" . ele tinha

matou um informante suspeita . " Se Jimmy não tinha sido capturado , você sente

ele não teria dado um segundo pensamento. " Ele mal se lembra de sua

crime, mas se ressente de tudo sobre a prisão. Cada um deles chegou a ver

Macbeth . Mark não gostou e desejou Macbeth se tivesse sido mais

heróico. Jimmy saiu após o jogo sem dizer nada. Antony Sher

escreveu: "Eu temo o pior novamente. Então eu recebo uma carta . em tropeço

frases ele diz repetidamente como se mudou ele era. " (SHER , páginas 336-559 .)

Pode parecer estranho que o jogo chegou , e não o homem sensível matéria-

sem pele exterior , mas o homem duro. Talvez a dureza é a

tragédias parede defensiva, e de Shakespeare , por vezes, atingir o

pessoa vulnerável olhando através das fendas ?

As vozes que respondem após as actuações Broadmoor são variados

o suficiente para mostrar que alguns pacientes que " dar de volta o que eles recebem

de nós, como as emoções humanas de vida " . É difícil não ver sinais de

crescimento emocional revivida na forma como as peças chegaram dentro deles para

evocam sentimentos e reflexões , e em que o público deu de volta para

os atores .

O projeto foi um novo modelo de como ajudar as pessoas cujo mundo era

vislumbrado nas entrevistas " socráticos " . Esse mundo está confinando . eles

estão presos em uma moral estreita e rígida de retribuição , convenção

e autoridade. Proeminente em seu mundo emocional são a rejeição , a falta

de reconhecimento , os piscas ea parede defensiva. o Shakespeare

performances podem ter começado a chegar " o órgão amortecido , o

imaginação " . Talvez eles fizeram o confinamento um pouco menos opressivo

e um pouco mais fácil de escapar.

Mas o modelo tem limitações óbvias. Nem todo hospital psiquiátrico

podem recorrer a atores , e certamente não desta qualidade. e o que

acontece quando eles passaram ? Quatro peças podem dar uma contribuição , mas

seria otimismo selvagem pensar que o suficiente para transformar a vida de alguém

round, mesmo quando as peças são de Shakespeare e são atuou pelo

melhores profissionais . O projeto é citado aqui como particularmente

impressionante, mas ainda como um entre os outros , e não como uma varinha mágica.

Há uma necessidade de muitas abordagens não-padrão para reviver moral e

crescimento emocional . A maioria deles não terá tudo o que fez a

Shakespeare projeto um sucesso . Mas vale a pena mencionar alguns chave

recursos. Os atores mostraram respeito pelos pacientes por sua vontade de realizar por eles. Atores e público discutiram a

desempenha em igualdade de condições , para fazer alguma reciprocidade. Nem tudo foi

organizada . Contato em pedaços soltos de tempo não planejada levou a alguns dos

melhores momentos : o ator dizer " não, obrigado , querida ", como ela acariciou

braço do paciente , e abraço do paciente quando Ron Daniels mencionado

seu filho . (Erving Goffman , em asilos , disse que " nossa posição é apoiada

pelos edifícios sólidos do mundo, enquanto o nosso senso de pessoal

identidade muitas vezes reside nas rachaduras " .)

Talvez duas coisas mais contava . A escolha de Shakespeare

tragédias, peças não mais leves e menos relevantes , significava ir profundo. e

que importava que os pacientes tiveram a chance de dar algo de volta .

Deve ser possível inventar outros projetos que vão de profundidade. e

reciprocidade deve ser possível também. Ted Hughes pode estar certo de que a maioria

de nós observar através das fendas de nossas defesas. Se assim for , talvez os de

nos e aqueles de nós sem o " transtorno de personalidade anti-social " pode

ajudar uns aos outros buracos quebra através das paredes defensivas.